参考書が最強！

日本初！「授業をしない塾」が、偏差値37からの早慶逆転合格を可能にできる理由

林 尚弘

GENTOSHA

参考書が最強！・目次

第2章 僕は予備校に行って、成績が下がった

第3章 〈できない生徒〉を伸ばすには、どうしたらいいのか？

第4章 〈できない生徒〉からの大逆転！

第5章 逆転合格は、人生の大逆転

終章 英単語から人生が変わる

装幀 ● 小松学(ZUGA)
編集協力 ● 株式会社天才工場　吉田浩
● 秦まゆな
● 石川メグミ
DTP ● 美創

序章

誤った思い込みは今すぐ捨ててください

●私が毎日のように知らない人からお礼を言われるわけ

「塾長、ありがとうございます！」

「えっ？　あれ、君、うちの生徒だったかな？」

私は、塾のオーナーなのですが、初めて会った人からよくお礼を言われます。

どこかで会った人でもなく、塾の説明会に来た人でもなく、全く初対面の人なのです。

「塾長のおかげで、東大に入れました。本当にありがとうございます！」

「まさか、僕が国立の医学部に受かるなんて。まるで夢みたいです！」

などと言われて、びっくりします。

会ったこともないし、うちの塾生でもないのに、ものすごく感謝され、お礼を言われる。

これを読んでいる皆さんは、

「どうして生徒じゃない人からお礼を言われるの？」

と、不思議に思うかもしれませんね。

実は、私は塾に入らないで、授業を1秒も受けないで、早慶はもちろん、東大、京大、医学部などに合格する方法をインターネット上に公開しているのです。

「成績を伸ばしたい！」と思ったとき、一番いいのは、

「授業を受けないこと」

「塾や予備校に入らないこと」

だと、私は確信しています。

こんなことを言っているのは、日本で私だけです。そして、実践しているのも私がつくった武田塾だけです。

授業も受けないで、塾にも入らないで、どうして合格できるのでしょうか？

成績を上げたければ、授業を受けるな！

私は「授業を受けず、塾に入らない人ほど合格できる」ということを、受験生たちにあらゆる方法で伝えています。武田塾のサイトを見て、そのとおりに実践すれば、1円もかけずに志望校に合格することもできるのです。

なぜ私は、塾のオーナーであるにもかかわらず、そんな大切な情報を無料で公開しているのでしょうか？

それは、私が日本の誤った受験勉強法を本気で「変えたい！」と思っているからです。受験生を「お客さん」として、高額な授業料を取り続ける予備校のシステムの非道さを多くの人に知ってもらい、「日本からなくしてしまいたい！」と真剣に思っているからです。

私は、私の経営する塾にも入らず合格するのが「一番いい」と、心から思っています。「成績がよくないから塾に行こう」という発想が、そもそも間違っているのです。〈できない生徒〉は、学校の授業を毎日受けても成績がよくないのですから。〈できない生徒〉は、〈できる生徒〉と同じ勉強法をやっていてもダメなのです。〈できる生徒〉は、学校の授業を理解し、しっかりと自分のものにできる。ということは、塾でさらに高度な授業を受けても身につけられます。彼らは当然、成績も上位の生徒たちです。

しかし、学校で習って身につかない人は、塾の授業を受けても、「習いっぱなし」になるだけ。「体の消化不良」と同じく、「頭の消化不良」を起こしてしまうのです。詰め込みすぎても、脳は「記憶」という情報を処理しきれません。

では、どうすればいいのでしょうか？

その答えを早速、ここで教えてしまいましょう。
受験勉強で最も大切なことは、

1　1冊の参考書を完璧に覚えること
2　基礎から志望校のレベルまでの参考書を次々、完璧にしていくこと

そうです。受験勉強において頼るべきは参考書。そして、この「1」も「2」も授業ではなく、自学自習でできるのです。いや、「自学自習でできる」のではなく、「自学自習でしかできない」のです。

私は約10年前から「授業を受けない勉強法」を推奨し、

・高校設立以来初めて京都大学医学部に合格
・偏差値37から1年で早稲田大学教育学部に合格
・11月の模試E判定から、慶應大学文学部に合格

などなど、数々の逆転合格を生み出しました。
「授業を受けないのに、さらには塾にも行かずに、どうして成績が上がるの？」と、よく聞かれます。

私に言わせれば、授業なんか受けているから成績が上がらないのです。

私は高校で、毎日6時間の授業を受け、さらに高校1年から予備校へ週3回以上通い、誰よりも多くの授業を受けてきました。しかし、大学受験は全滅。浪人し、再び予備校で大量の授業を受けましたが、成績は上がるどころか下がる一方でした。

そう、私自身が〈できない生徒〉だったのです。

「学校の成績が悪い」「じゃあ、塾へ行けば何とかなるだろう」

この考えは間違っていました。第一、学校の授業だってわからないのに、塾や予備校の授業を理解できるはずがありません。

だったら、いっそ「授業は受けない」。

こうしてたどり着いた「授業を受けない勉強法」で、私は合格を勝ち取りました。

これ以上、私のように間違った勉強法で苦しむ受験生を増やしたくない。

〈できない生徒〉は頭が悪いから「できない」んじゃない。勉強法が間違っているから「できない」のです。

そんな生徒に、〈正しい勉強法〉を教え、逆転合格できる環境をつくってあげたい。

そんな思いから立ち上げたのが、日本初の「授業をしない塾」武田塾でした。

予備校は、なぜ〈正しい勉強法〉を教えないのか？

授業で習ったことを覚えたり、繰り返し問題を解いたりして、自分のものにしていく。この自学自習の時間こそが、最も学力を伸ばし、成績を上げます。

実は、これが事実であることは、予備校の先生たちもすでに知っています。しかし、このことを生徒たちに教えるわけにはいかないのです。

それは、なぜか？

簡単です。生徒たちが「なんだ、自分でできるじゃん」と気づいてしまえば、予備校に来なくなってしまうからです。

それはすなわち、授業料を徴収できなくなってしまうということ。授業料を徴収できなくなれば、予備校はつぶれます。

この考え方が広まれば、予備校の存在意義はなくなり、先生たちは職を失うことになります。

大学に合格するために、生徒たちが第一に知っておかなければならないことが、予備校側にとっては絶対に教えてはならない最大のタブーなのです。

そもそも私は「授業に対してお金を払う」という仕組みは間違っていると思います。

1週間に1章しか教えてもらえない授業なんて、お金を払う価値はない。

武田塾の勉強法では、自学自習で1日に2章、進みます。復習と、どれだけ身についているか確認するためのテストの日を入れても、1週間で8章、進みます。

誇張でもハッタリでもなく、予備校のカリキュラムの8倍速で進んでいくのです。

学力を伸ばすのは、自学自習。頼るべきは、授業ではなく、参考書です。

予備校の授業を受けるときは、その内容をノートに取ります。1年間、授業を受け続け、最終的にできあがったノート。

実はこれ、参考書と同じものです。正確にいえば、参考書よりも不完全な「参考書もどき」です。

どうです？　一生懸命にノートを取っている時間が「もったいない」とは思いませんか？

授業に出て、ノートを取らなくても、参考書はすぐに手に入ります。

参考書を活用すれば、次の週の授業を待たなくても、自分のペースでどんどん先に進めます。同じ内容を、授業を受けるより何倍も速く、身につけることが可能です。

まさに、「参考書が最強！」なのです。

「授業よりも参考書」って怪しいですか？

以上の理由から、武田塾では授業をしていません。

近年、この事実に気がつく受験生も増えてきています。代々木ゼミナールの経営縮小が報道されたことで、その方向にますます拍車がかかるのではないかと私は見ています。

武田塾は2年前まで首都圏の2校しかありませんでしたが、今は全国51校にまで増えました。1校ごとの規模が代ゼミより小さいとはいえ、受験生の支持がなければ、ここまで急速に大きくはならないでしょう。

「授業を受けても成績は上がらない」「参考書のほうが速い」という真実が、徐々に浸透してきているのです。

ここまで読んできて、

「今まで信じてきたものが崩れてしまう……」

と、感じた君。そんな不安は、今すぐ捨ててください。

これまでの思い込みを捨て、〈正しい勉強法〉で挑めば、「大学合格」という栄光は必ず手に入ります。

そして、その体験は確実に、皆さんの人生の宝になります。事実、そんな宝を手にした武田塾の卒業生たちは次なる宝を求めて、どんどん大きなチャレンジをし続けています。

たかが受験、されど受験。

これを読んでくれている君が、どんなに〈できない生徒〉でも大丈夫。

君は〈できない生徒〉なんかじゃない。〈正しい勉強法〉を知らないから、失敗しかかっているだけなんです。

私と一緒に、受験も、その先の未来も明るいものにしませんか？

今、この瞬間が逆転合格、下克上へのスタートラインです！

第1章

なぜ、予備校に行っても伸びないのか?

何がわからないのか、わかっていますか？

「授業はムダ」「参考書での自学自習が最強」……など、序章で私が述べたことは、なかなか信じがたいことだと思います。「学校の勉強を理解していれば大丈夫」「わからない部分は予備校でカバー」というのが、一般的な受験生の意識でしょう。

けれど、本書を手に取ってくれている君は「今、自分が何がわからないのか」をわかっていますか？

「わからないポイント」を探すだけなら、意外と簡単です。

以前に習った教科書やテキストの問題を過去へさかのぼって、解いていってみましょう。忘れている箇所や苦手なところがはっきりします。

ここで8〜9割、正解できたとしたら、間違えた部分をピンポイントで復習すればいい。でも、そんな優秀な生徒はごくわずかでしょう。

こういう人たちは、まさに〈できる生徒〉。習ったことを、すぐさま自分のものにできる天才か、復習をする習慣がついている努力家です。

彼らは予備校の授業にも難なくついていけますから、本書は必要ないといっていいでしょう。

本書を必要とするのは、正解率2〜3割の〈できない生徒〉。

実は、受験生の大多数がここに属しています。授業は受けっぱなし、定期テストのときだけ詰め込んで、後はきれいさっぱり忘れてしまう、というのがこうした生徒たちの特徴です。

定期テストのために頑張るのは素晴らしいことです。でも本当に大切なのは、テストの成績よりも、習ったことをしっかり記憶し、自分のものにする、ということなのです。

大多数の生徒がこんな状態であるということは、非常に大きな問題です。

そもそも生徒を「授業を受けっぱなし」で放置してしまう教育システムが悪い。私はそう考えています。

多くの生徒たちは「基本が身についていない」という自覚のないまま進級し、さらに多くの授業を受けていく。何ひとつ身につけることがないまま、受験を控え、予備校にも通い出す。

そして、何がわからないのかもわからない、負のスパイラルへと落ち込んでいくのです。

定期テストでは「日本史の1ページから50ページまで」などと範囲が限られていますが、

受験の範囲は「日本史まるごと」。本番までに、全ての範囲を頭に入れておかなくてはいけません。

けれど、「全範囲が頭に入っている」という天才型、超努力型の生徒なんてめったにいません。

中には「限られた範囲なら集中して勉強できる」というタイプもいますが、短期集中型ほどテスト後の解放感に浸りやすく、復習を忘れがち。その場しのぎの勉強を繰り返し「定期テストの点は悪くないのに、実力テストや模試の結果が悪い」という困った事態になりやすいのです。

そこを何とかしようと、予備校に入ったところで、この問題は解決しません。

というのも、予備校のシステムも学校と同様、生徒を授業を受けっぱなしで放置してしまうことに変わりないのですから。

学校でも、予備校でも、受験範囲は終わらない

さらに、両者の欠点を指摘すると、どちらも教えるべき内容を1年間の授業に割り振っ

ていること。

日本史を例に挙げていうと、「高3の夏期講習なのに江戸時代までしか終わっていない」「最も出題されやすい近現代に入るのは、受験直前」という、恐ろしいことが改善もされず、毎年繰り返されているのです。

学力を伸ばすために必要なことは、自分の「わからない」ところを見つけ、そこを補強していくこと。そして、レンガを積み重ねるように、受験に耐えうる学力を構築していくことです。

けれども、そのためのシステムが学校にも予備校にも絶望的にないのです。

受験範囲について、もう少し詳しくお話ししましょう。

学校の授業では、受験に必要な範囲をカバーすることができません。

先生たちはカリキュラムが1年で終わるように計画しますが、そう予定どおりには進まないのです。

たとえば日本史では、学校でも近現代史が中途半端になりやすいもの。しかし、近現代史は受験の必須範囲。出さない大学はまずないし、むしろ近現代史を中心に出題する大学もあるほどです。

そんな重要な範囲にもかかわらず、時間が足りないからと授業内容を省略したり、「後は自分で教科書を読んでおくように」と、生徒任せにしてしまうケースが非常に多い。

英語については、文法の必須知識はひととおり教わるものの「難しい長文を決められた時間内に読む」といった実践的な対策はやりません。延々と教科書レベルをやっているだけです。

教科書レベルとは「センター試験プラスα」程度の難易度なので、教科書の長文を読めるようになっても、早稲田や慶應、東大の長文となると全く読めないわけです。

他の教科に関しても時間が足りなくなってしまったり、基本的な内容しかやらなかったりで、受験対策としては不完全なまま終わるパターンがほとんどでしょう。

それでも、しっかり復習ができていれば、地方の国公立、センター試験レベルまでは対応できるかもしれませんが、東京の有名難関大学を狙う受験生にとっては、学校の授業は頼りにならないのが現状です。

そして、すでにおわかりのように、予備校の授業でも受験範囲は終わりません。

そもそも、学校よりも授業時間の少ない予備校で、全科目、全範囲が網羅できるわけがないのです。

わかりやすい例として、数学で考えてみましょう。

学校では、1回50分の数学の授業を、週に5～6回ぐらい行っていると思います。単純計算で月に1000～1200分。これを1年続けて、ようやく教科書レベルの勉強が終わります。

これに対して、予備校の授業は1回が90分。1回分のボリュームは増えても、授業は週に2～3コマしかなく、普通の現役生なら週に1回程度しか授業を取らないことが多いでしょう。

しかも授業は〝参考書作成タイム〟。ノートを取ることに時間が費やされてしまうので、1回の授業では3問程度しかできません。週1回の授業だと月に12問、年間では150問程度。

これでは教科書レベルを超えられない。「MARCH（明治・青山学院・立教・中央・法政）」「早慶」「東大」と、どんどんレベルは高くなり、勉強すべき範囲も広くなるのですから。

つまり、難関大学レベルの数学に取り組むには、とんでもなく時間がかかるということ。効率的な勉強法を取らないことには、いつまでも差が埋まらないのです。

有名予備校「東大コース」の真実

突然ですが、ここに偏差値40の受験生がいるとします。その生徒が、

「これから数学を伸ばしたい。志望校は早稲田か慶應、できることなら東大に入りたい」

と、予備校に相談してきました。

偏差値40では基礎もまだまだ完全でない状況でしょう。ということは、まず教科書レベルの授業から始めなくてはなりません。にもかかわらず、志望校は日本最高レベル。

この差をどうしたらいいと思いますか？　予備校はどう指導するでしょうか？

1　志望校に合わせ、東大レベルの授業から始める

東大受験に必要な範囲を習うことができます。先生からは東大の出題傾向などを聞くこともできるでしょう。けれども内容が難しく、おそらく授業にはついていけません。

2　教科書レベルの授業から始める

これなら授業にはついていけるでしょう。しかし、週1回の授業では教科書程度の知識しか身につかない。1年間頑張れば偏差値は上がると思いますが、40から50になるぐらい

でしょう。

どちらも残念な結果ですが、この場合は「2」が正解です。最初は教科書レベルでも、1段階ずつレベルアップしていけば、いつかは東大コースに入れます。

けれども、その「いつか」は、おそらく3年後か4年後でしょう。

そもそも東大や京大を目指すコースとは、2次試験まで行ったけれど惜しくも不合格となってしまった人たち、つまりは「優秀な浪人生」のための内容なのです。

つまり、教科書レベルから差を埋めていくには、3浪、4浪も覚悟しないといけない。

もちろん、予備校側がそんな事情を教えてくれるはずはありません。相談の際には「基礎からレベルアップすれば大丈夫！」と、優しく対応してくれても、内心では「4年ぐらいかかるけどね……」と思っているはずです。

さすがに「偏差値40から東大」は無謀な例かもしれませんが、「MARCHなら受かるかも」「頑張れば、早慶も行けるかも」などと思ってしまう生徒は実際に多いのです。

私がそうであったように、勉強ができない焦りは「予備校に行けば何とかなる」という期待感、根拠のない自信に変わってしまいやすいのだと思います。

偏差値の不思議

そもそも、受験生を悩ませる「偏差値」とは、どのようなものでしょうか。

簡単にいえば、「母集団に対して、どれだけ偏っているか」を数値化したものです。

皆が80点を取った中で、君1人だけが20点を取ったとしましょう。そのとき、君の偏差値は、30ぐらいになります。

反対に、皆が20点だった中で、君1人が80点だった。これまた極端な数字ですが、その場合の君の偏差値は、90ぐらいになります。

つまり偏差値とは、平均に対して低いほうに偏るほど低く、高いほうに偏るほど高くなるのですが、予備校ではしばしば「偏らない」という不思議な事態が起こります。

たとえば、全国に展開する有名予備校の「難関大学突破コース」。ベテラン講師の授業が売りで、受講生たちも「このクラスは特別」と、高い意識で臨んでいます。

しかし、特別なはずの「難関大学突破コース」も、全国規模で考えれば何千人もの受講生がいるわけです。それだけのライバルが毎週同じ授業を受け、同じペースで一緒に進んでいる。

これではどんなに頑張っても横並びが続くだけです。差がつかないから、偏らない……。きちんと予習し、問題を自分なりに解いていくガッツのある生徒でも、状況は変わりません。

たとえば日大、早稲田、東大と、異なるレベルの問題を3問解く授業があったとしましょう。君は予習していきました。そして、3問とも全て正解だった。

先生の解説を聞きながら、「全問正解！」と、君は喜ぶことでしょう。しかし、その瞬間、君の偏差値は下がっているのです。

なぜだか、わかりますか？

予習で解いてきた問題が全問正解だったということは、君は自力でこの問題を解けたということです。つまり、90分間、授業を聞いている間、君は何の進歩もなかったのです。

それに対してクラスメイトは、できなかった問題の解説を聞いて、どうやって解くのか知識をつけてしまった。君と同じレベルまで、進歩してしまったのです。

「難関大学突破コース」の授業が行われた同じ時間内に、仙台でも、大阪でも、京都でも、博多でも、一気に大勢のライバルが、君に追いついてしまった。

そのため、君の偏差値は下がり、全国順位も下がってしまうのです。

授業が進むほど、どんどん周りに追いつかれる。受講生の平均集団は大きくなり、偏らないから偏差値も下がる。それなのに、成績が悪くなっている自覚をもつどころか「俺、できるじゃん！」と、あらぬ自信を抱いてしまう。これが、全国展開する予備校の恐ろしさです。

解答解説がカットされる理由

しかしながら、こうした問題点の改善に着手した予備校もあります。

それが、私が高校1年生から1浪するまでの4年間、授業料を払い続けたTです。

Tは、従来の授業を映像化し、「自分のペースでどんどん授業を見られる」という新しいシステムをつくりました。1週間に1章しか進まない他の予備校に比べると格段に効率的です。

それでも「授業を受けて、ノートを取る」という基本システムは同じだったため、やはり進むのが遅かった。

さらに、テキストの解答解説部分が切り取られていたことも納得できませんでした。

効率重視のはずの映像授業なのに、テキストが不完全とは、全くもっておかしな話です。

結局は、授業に出て、解答解説を聞かなくてはならず、ムダな時間が多かったと今では思います。

しかし、このやり方もまた受験業界のスタンダードだったのです。

実は学校でも予備校でも、解答解説を先生が預かるのはよくあること。

なぜなら、解答解説が手元にあると、生徒はそれを見て勉強を進めることができます。

「解答解説は授業で取ったノートと同じ」ということにも気づくため、最終的には生徒が授業を聞かなくなる。そして、生徒たちが思うことは「なんだ、自分でできるじゃん」。

序章で述べたとおり、これこそが〈正しい勉強法〉。そして、生徒たちに知られてはならない、受験業界最大のタブーです。

先生は授業の負担が減り、生徒は効率よく勉強できる。

タブーなんて気にしなければ、お互いハッピーになりそうなものですが、学校も予備校も、先生への対価は「授業をする」ことに発生しています。

先生は「カリキュラムを終わらせる」「生徒に授業を受けさせる」という条件を満たさないとお給料がもらえません。

つまり、解答解説を生徒に渡さないのは、先生の生活を守るためなのです。

予備校システムの限界

ただ最近では、こうした矛盾に耐えきれず転職する先生も増えているようです。武田塾にも同様の理由で大手予備校を辞めてきた社員がおり、何十年も続いてきた間違ったシステムに風穴が開き始めた気配が感じられます。

そもそも、大学受験をする生徒たちが求めているのは成績を上げること。学校でも予備校でも、経営をするにあたっては、顧客＝生徒のニーズに応えることが大切なはずです。受験業界のタブーがどうのこうのと気にするなんて、バカらしいとしかいえません。

成績を上げるには、従来の学校や予備校がやってきたことの逆をすればいいのです。

1　最初から完全なテキストである参考書を手に入れる

2　受験に必要な範囲を知り、勉強の全体図をつかむ

3　最終的に到達したいレベルに達するにはどうすべきか、計画を練る
4　計画に従い、その日に勉強した内容を完璧にしてから、次へ進む

こうした勉強をすれば「1問1問、自分の頭でわかるまでやろう」「最終地点に到達しよう」という意識が生まれます。

予備校へ行けば何とかしてくれる、という受け身の態度では受験は勝てない。勉強とは、知識が自分のものになるまで繰り返す時間が大切なのです。

実際に、東大合格者数ランキング常連のスーパー進学校は、こうしたやり方をすでに取り入れています。

たとえば開成高校では、2年生までに全ての受験範囲を終わらせて、3年生で復習をする。約1年の時間をかけて知識をメンテナンスしていくのですから、東大合格者が続出するのも当然と思われます。

その開成の生徒を追い抜きたいなら、基礎的な内容は1年生のうちに全て教えて、高2、高3はひたすら「覚える時間」にするしかない。

「この人、また無茶なことを言い始めたよ……」と、思いましたか？

武田塾の勉強法は第3章で紹介していますので、気になる人は先回りして読んでみてください。

だけどまだまだ、予備校のシステムには問題点があるのです。続く第2章では、私が実際に見てきた予備校の実態をお伝えしたいと思います。

第2章

僕は予備校に行って、成績が下がった

〈できる生徒〉は無料

従来の「授業を受ける」システムでも、難関大学合格を果たしてしまえる〈できる生徒〉。ときには、3浪、4浪を覚悟しなければならない〈できない生徒〉。

そもそもの数が多い〈できない生徒〉は、集めるのに苦労はいりませんが、〈できる生徒〉は集めるのにもひと苦労。毎年、予備校間で、熾烈《しれつ》な争奪戦が繰り広げられています。

そのため大手予備校では、入塾テストや全国模試で成績優秀だった生徒を「特待生」として迎えています。つまり、入学金や授業料の免除など、さまざまな特典をつけて、「お金はいらないよ。こっちにおいでよ」と、誘っているのです。

……ということは？

そうです。普通に入学金や授業料を払った場合は、予備校側に〈できない生徒〉と判断されたようなものなのです。

いい大学に入りたくて予備校に行くことにしたのに、最初から「君は不合格、残念!!」という烙印《らくいん》を密かに押されているなんて、何ともひどい話ではないですか？

そんな私自身も、正規料金を払って予備校に通った〈できない生徒〉の1人でした。

私が〈できる生徒〉と〈できない生徒〉の格差を痛感したのは、高校1年の春。

地域一といわれる進学校である公立高校に合格し、浮かれていた頃のことでした。同じ中学からは杉原くんという友人も合格していて、私は、

「杉原くんとは同じぐらいの成績だろうな、これから彼はライバルだ」

と、意識し始めていました。

しかし彼は、私とは全くレベルの違う秀才だったのです。

というのも、杉原くんがこの高校へ来たのは、第一志望の開成高校に落ちたから。この高校を第一志望としていた私とは、実力も、勉強に対する意識も、比べものになりませんでした。

私はさらに、杉原くんから衝撃の事実を知らされました。

杉原くんは代々木ゼミナールの特待生「代ゼミゴールドメイト」に認定されていて、入学金免除、年間授業料割引、模試受験料免除など、さまざまな特典を与えられていました。

杉原くんは、高校1年にして、代ゼミから〈できる生徒〉として青田買いされていたのです。

その頃、私は「予備校の授業料って高いなあ……」と、出してくれる親に対して少し後

ろめたい気持ちでいたので、心の底からびっくりしました。杉原くんが優秀なのは認めるけれど、お金の心配をせずに予備校に通えることは、本当にうらやましかった。

ちなみに、杉原くんは1年浪人したものの、東大に合格しました。私は1浪で、結果は学習院大学。みごとに明暗が分かれました。

杉原くんは、代ゼミの思惑どおり「東大合格実績」に貢献したわけで、代ゼミの生徒を見る目は確かだったといえます。

高速学習で差をつけるはずが……

秀才の杉原くんの存在により、現実を知ったはずの私でしたが、それでも「上には上がいる」程度の気持ちで日々を過ごしていました。なぜなら私が通っていた高校は、毎年早稲田に100人ぐらい合格、東大合格者も5~10人出るレベルの進学校だったから。

「全国レベルで考えれば、自分は上位にいる。頑張れば東大や一橋も行けるはず！」

と、本気で考えていたのです。

けれども、ただお気楽に構えていたわけではありません。高1からトップクラスの成績をキープしようと考えた私は、大手予備校のパンフレットをかき集めてきました。今思えば、この作戦は大間違いでしたが、当時の私は「予備校に入れば成績が伸びる」と信じきっていたのです。

集めたパンフレットの中で、とりわけ私の心をつかんだのが、前述のTでした。もちろん駿台、河合塾、代ゼミのいわゆる〝3大予備校〟も検討しましたが、Tの理解すればどんどん次の授業へ進める「映像授業」という考え方が新しかった。やる気さえあれば、1年分の授業だって、ほんの数カ月で見終わることができるというのです。そのコンセプトは、スタートダッシュを決めたい私にぴったりでした。

そうして私は、高1の春からTへ通うことになりました。

同じ時期に入ってきた同級生は大勢いましたが、ほとんどの人が「週に1回、苦手な科目の授業を受ける」という通い方。それに対して、私はライバルに差をつけるため、英語、数学、国語と週に3回もの授業を受けることにしたのです。

学校の授業に加えて、週に3回の予備校。1年生からこのハードスケジュールをこなし、定期テストも好成績が取れていたので、私のスタートダッシュ作戦は大当たりかと思われました。

しかし、少しずつ雲行きが怪しくなってきました。

実力テストになると、なぜか点数が落ちてしまうのです。

「定期テストはそこそこなのに、実力テストや模試がダメ」

第1章でもお話ししましたが、この原因は「その場しのぎの勉強」を繰り返しているからです。定期テストでは範囲が限られているから、決まった箇所を暗記すれば乗り切れる。けれど、その後にも復習をして、自分の頭にしっかり覚え込ませることをしないと、実力テストのようにランダムな範囲から出される問題で苦労するのです。

もっとも、当時の私がそれに気づくはずがなく、「どうして?」と焦るばかり。いつの間にか追試の常連となり、ついには数学で0点を取ってしまいました。

そのショックを隠すように、クラスでは「できないキャラ」として振る舞うようになり、テストの後には〈できない生徒〉同士で集まって、

「やっべー、俺、全然できなかったよ」

「俺も今回も追試だよ」

などと言い合っていました。不思議なもので、そうやって言い合う相手がいると、気が楽になるものです。

そうして、私の成績はますます落ちていきました。英語はかろうじて、真ん中ぐらいの成績で留まっていましたが、数学と国語は同時にビリを取る始末。高校1年が終わる頃には、ぶっちぎりの学年ビリになってしまったのです。

ついこの前まで、東大や一橋を目指していたはずの自分がまさかの学年最下位。

高2になっても、成績は上がることはなく、「何がわからないのかがわからない」状況に突入してしまいました。

周りの誰よりも授業を受けている自覚があっただけに、実力テストの順位表を見るのは本当につらかった。「できないキャラ」の自分を冷たい目で見ている自分もいました。

予備校にも通い、頑張っていた私が、なぜ学年最下位まで落ちぶれてしまったのか？

それこそは、「授業の受けすぎ」でした。

せっかく受けた授業も、復習して自分のものにしなくては意味がない。「受けっぱなし」を防ぐためには、別枠で「覚える時間」をつくらなくてはいけなかったのです。

苦い敗北

私がTで受けていた授業について、もう少しお話しさせてください。

高校1年生から、週に3回も予備校の授業を受けていた私は、生徒の中では目立っていたし、先生たちも私に目をかけてくれていたと思います。

ただし、「見込みのある生徒」ではなく、「たくさん授業料を払ってくれる生徒」として……。

そもそも私は、映像授業に感動してTに入りました。けれども実際に入ってみると、その頃はまだ映像授業に完全シフトする前の段階で、一部の生授業も残っていました。

私にしてみたら、「全ての授業が映像じゃないのか……」とがっかりです。

しかし、担任の先生の
「林くん、本当は生授業のほうが身につくんだよ。君はまだ1年生だし、最初は生授業で基礎を固めるといいんじゃない？」

という言葉をすっかり信じ込んでしまったのです。我ながら、あきれるほどの素直さだとしか、いいようがありません。

でもそのときは、授業を取らせるためのテクニックとは全く気づかず、「まだ1年生」「基礎を固める」というフレーズが心に響いてしまった。

1週間で1章進むだけの生授業なら、他の予備校と変わらない。それではTに入った意味がない……。少し考えればわかりそうなものなのに、先生の巧妙なトークと、「受験のプロが言うのだから間違いない」という思い込みで、効率の悪い生授業を1年間受けてしまったのです。

高2になると、ようやく映像授業に完全移行。1年生の頃よりも格段に勉強のペースが上がり、「ここから飛ばして行くぞ！」と、気持ちを新たにしました。

しかし、1つの講座を見終わると「次はこれ」「その次はこれだよ」と、息つく暇もなく先生が講座をすすめてくるのです。とんでもない忙しさでしたが、「こんなに勉強している自分」という状態には、ある種の安心感と恍惚《こうこつ》感がありました。

予備校側も受験生の心をくすぐる魅力的なコンテンツを次々に出してきます。

英語なら「ロジカルリーディング」「パラグラフリーディング」など、英文法も完全に理解していない私が、

「これなら、できるようになりそうだ！」

「こんな授業を受けている俺は、他の受験生とはちょっと違う！」

と、思い込んでしまうような方法論が出てきて、授業を聞いているだけで偏差値が上がったような気持ちになっていました。全国で同じ授業を受けている受験生がどれくらいいるのか、想像することもしないで……。

思えば、予備校はテーマパーク。授業という名のさまざまな乗り物があり、講師という名の個性豊かなキャラクターが待ち受けている。

私は週3回、テーマパークで楽しく遊ばせてもらっていたようなものでした。

そうして結局、授業を詰め込むばかり、すなわち「覚える時間」を確保しないまま、もちろん学年最下位もキープしたまま、私はとうとう3年生になってしまったのです。

高3では「最後の追い込みだから」と、さらに大量の授業をすすめられました。それでもなかなか成績は上がらず、偏差値は50から55の間で低め安定。さすがに私も焦り始めました。

でも、伝統ある進学校に通っていること、予備校で多くの授業を受けてきたことが妙なプライドとなり、「偏差値が低いのは周りのレベルが高いからだ」と自分に言い聞かせてしまった。

実際、学校からも予備校からも、「このままではダメだよ、合格できないよ」とは、一度も言われなかったのです。

「こんなに勉強してきたんだから大丈夫」

全く根拠のない自信をもったまま、私は受験に臨みました。

ちなみに、私が現役時に受験したのは、早稲田と慶應の2校だけでした。受験直前の模試では、当然のごとくE判定。合格の可能性は限りなくゼロです。

けれど、当時の私は他の大学へ行く気はありませんでしたし、

「万が一ダメだったら、浪人して東大に行けばいいや」

と、思っていました。自分のおめでたさに開いた口がふさがりませんが、あのときの自分は本気でそう考えていたのです。

そして、私はみごとに浪人となりました。

「万が一ダメだったら」といいながら、心のどこかでは「早慶どちらかには行けるだろう」と思っていたのでしょう。自分でも信じられないくらいのショックを受けました。そ

のこと自体も今の私から見れば、「何を考えているのだか」ですが……。

ようやく現実を突きつけられた私はさすがに「これはまずい」と、思い始めました。けれども、そこでも考えたのは「予備校を替えたほうがいいのかな？」ということ。

予備校の負のカラクリにまだ気づいていなかったのです。

それでもTに行く

結論から言いましょう。カラクリに気づかなかったばかりか、私はTに通い続けました。

その理由は、担任のK先生が大好きだったから。

先生は高校3年間、成績が伸びず悩んでいた私に、

「林くんはここが弱点だよね、この講座で克服しよう！」

と、いつも親身になって、具体的なアドバイスをしてくれました。

浪人することが決まったときも、私の話をじっくりと聞いたうえで、

「1浪ぐらいで落ち込むな、来年は余裕で合格できるぞ！」

と、励ましてくれたのです。

先生と話していると、「この人は自分をわかってくれている」という安心感をもつことができました。今では「安心感をもたせる」というのも、予備校が生徒を取り込むテクニックだったとわかりますが、不安でいっぱいの受験生、とりわけ浪人が決まったばかりの私には「安心感」こそが最も欲しいものでした。

「これほど素晴らしい先生には、他の予備校ではきっと会えない。会えたとしても、短期間でこれほどの信頼関係を築くのは難しいだろう」

そう考えたから、そのままTへ通い続けたのです。

けれども4年目ともなると、さすがに授業の流れは覚えてしまっていました。

「これは前にもやったな、頭に入っているな」と思うことが増えてきて、ようやく私も「授業ばかり受けていても意味がないのかも……」と、気づき始めたのです。

しかし、それまでずっと「勉強＝授業」というやり方をしてきたので、授業を受けずに勉強する方法がわからない。自習室に行くものの調子が出ず、「それなら……」と授業に出てみる。そんなことを繰り返すだけの日々。当然、成績が上がるはずはありません。

「このままじゃ、本当にマズイ……」

悩むうち、いつしか季節は秋を迎えていました。

参考書だけのほうがいい!

そんな頃に仲良くなったのが、同じく1浪中だった中森泰樹くんでした。

中森くんは教室で見かけることはあまりなく、授業をサボってパチンコ屋やゲームセンターに入り浸っていることが多いわりには成績がいい、ある意味、謎の人でした。見かけも10代らしからぬ落ち着きがあり、周りの生徒たちとはひと味違うオーラを放っていました。

ある日、授業に出るでもなく、かといって自習するでもなく、「やばいなあ、どうしよう」と思いながら歩いていると、ゲームセンターで遊んでいる中森くんが目に飛び込んできました。

こんな時期になってもゲームセンターとは、私とはやはり器が違います。

彼とはそれまで、軽く挨拶する程度できちんと話したことはありませんでしたが、この日はどうしてそんなに余裕があるのか気になり、思い切って話しかけてみることにしました。

「よっ、中森くん。ゲーセンなんて余裕だねえ」

「あれー、林くん？　サボってるなんて、めずらしいね」

中森くんは、意外に人懐っこい笑顔を返してきました。私はちょっとドキドキしながら、それを悟られないように話し続けました。

「この頃、授業受ける気にならなくて。浪人すると、授業に出ても〝それ知ってる〟ってことが多くない？」

「多いねー。だから俺も授業出ないいんだよ」

私は心の中で「仲間だ！」と叫びました。不安でいっぱいなこの時期、この仲間を逃す手はありません。私は必死で話しかけました。

「でもさ、中森くんは授業に出なくても、自分でしっかりやれているんでしょ？」

中森くんは、ゲームの手を止めると、私のほうを向き、こう言いました。

「それが全然。偏差値も全く伸びないんだよ。もう11月だから焦ってるんだけど……」

しめた！　私は畳み掛けるように言いました。

「俺も俺も！　中森くん、この後ヒマ！　メシ行こうよ」

そうして、私と中森くんはファミレスへ行くと、どちらからともなく参考書を開いて話し始めました。最初は前回の模試の結果や、苦手科目の話をしていましたが、私としては、秀才と噂される中森くんの実力が気になるところ。そこで私は、ちょっとした賭けを思いつきました。

「お互いの苦手なところ、テストしてみようか？　10秒で答えられたらコーヒーおごるよ」

「マジで？　やるやる！」

「じゃあ、この単語の意味を答えて。10、9、8……」

「うわー、何だっけそれ！　忘れちゃったなあ」

「3、2、1……ブブー、残念！　答え見ていいよ」

「あー、これだったかあ。よーし、次はこっちから問題出すよ！」

「中森くんのお手並み拝見」のつもりが、いつの間にか私のほうが夢中になっていました。というのも、中森くんは問題を出すセンスが抜群によくて、忘れがちなところ、間違えやすいところをしっかりと突いてきたのです。

実際の彼が気さくな、いい奴だったことも新鮮で、2人で問題を出し合ううちに、どんどん楽しくなっていき、私たちは日が暮れるまでファミレスに居座りました。

勉強しているのに、楽しい。これは初めての感覚でした。しかも驚いたことに、参考書から問題を出し合うやり方だと、苦手だったところをすぐに覚えることができたのです。

中森くんも同じことを思ったようで、

「もしかして、自分たちで参考書で勉強するほうが授業よりいいんじゃない？」

「そうだよね、何だか急に頭よくなった気がする！」

と、盛り上がりました。

授業よりも参考書。そう確信した私たちは、翌日から2人で勉強するようになったのです。

「勉強方法を変える」という賭け

中森くんと勉強するようになってすぐ、私は彼の頭のよさに衝撃を受けました。

彼は有名進学校の出身ではないのに、恐ろしいほど暗記力が高かったのです。とりわけ驚いたのが、2人で勉強を始めて4日目で、参考書をまるまる2冊も完璧に覚えてきたことです。

「これ、覚えてきたから、どこからでも問題出していいよ」

そういう彼に片っ端から問題を出すと、すらすらと答えていきます。その姿は、まさに天才。

私は自分との違いを見せつけられ、がっくりと落ち込みました。でも、ふと思ったのです。

「なんでコイツ、俺と同じ偏差値50なんだろう?」

そこで私は、中森くんが勉強する様子をじっくり観察することにしました。

彼は参考書の内容をあっという間に理解するし、暗記力も高い。

けれども、ひとつ気になったのが、中森くんの勉強時間の短さでした。彼と世間話をしていると、しょっちゅうテレビやマンガで息抜きをしている様子。一緒に勉強していても、さくっと問題を解いて、5分足らずで解答と解説をチェックすると、携帯電話をいじったりし始めるのです。私はある日、彼に聞いてみることにしました。

「中森くんは、1日に何時間勉強してるの?」

「3時間くらいかな?」

「えっ! それだけなの!」

「問題解いて、解答と解説を読んで、〝わかったからもういいや〟って思っちゃうんだよね」

彼の偏差値がそれほど高くない理由がわかりました。

中森くんは、問題の解答と解説を一度読めば、完璧に理解してしまう頭脳の持ち主。それゆえ、「わかったからもういいや」と、勉強を切り上げてしまうクセがあったのです。「わかっている」と安心しているから、復習の必要性も感じない。その地頭のよさが仇《あだ》となっていました。

彼が授業に興味をもてなかった理由も、このためでしょう。先生の話を聞いて、

「はいはい、その話ね。知ってるよ」

と思っても、いざテストになると解けない。

瞬間で理解することと、それを記憶し、定着させることとは全く別の作業であり、テストに必要なのは、記憶し定着させることだと気がついていなかったのです。

この中森くんの欠点は、私の欠点にも通じるものがありました。授業を受けてばかりで、自分で問題を解く時間が絶対的に足りなかった。だから、偏差値が伸びずにいたのです。

「中森くん、俺たちには復習が足りなかったんだよ！」

「復習？」

「頭の中ではわかっていても、テストになると思い出せないじゃん。それって、きちんと暗記していないことと、覚えたことを頭の中から取り出す練習が足りなかったからじゃないかな？」

中森くんにそう言った瞬間、私はもうひとつのことに気がつきました。

今までの自分は、「予備校が何とかしてくれる」という受け身の考え方をしていました。けれども、試験で問題を解くのは自分。実際に鉛筆を持って、自分の頭で考え、答えを書かないことには始まらない。

私と中森くんは、ここから気持ちを切り替えることにしました。

すでに11月に入っていたので、受験シーズンまでは残り3カ月。そんな時期に勉強法を変えるのは、一種の賭けともいえましたが、参考書を完璧に仕上げていくやり方は明らかに効率がよく、「今からでも間に合う」という手応えをすぐに感じました。実際、かなり昔に習った基礎からやり直したのに、本番までには十分間に合ったのです。

基礎を固めていく段階は、穴だらけのパズルを埋めるようなものでした。わからなくてモヤモヤしていたところに、ぴったりのピースがはまる。これが非常に快感でした。

悪戦苦闘していた英語の長文が楽に読めるようになったと思ったら、偏差値もぐんぐん伸び始めました。

結果が出始めると、勉強がおもしろくて仕方がなくなってきて、周りが悲愴な面持ちで勉強している追い込みの時期、私と中森くんは、

「勉強って楽しいんだね！」

と、ファミレスで盛り上がっていました。


そうして翌年の春、中森くんは立教大学に、私は学習院大学に無事に合格。この後、中森くんは、私の親友となり、ビジネスのよきパートナーとなります。中森くんとの出会いを経て〈正しい勉強法〉に気づけたことは、私の人生のターニングポイントとなったのです。

お世話になった先生は、トップセールスマン

晴れて大学進学が決まった私は、お世話になったK先生のもとへ合格の報告に行きました。

先生とがっちり握手をし、ひとしきり喜び合った後、最後の3カ月を参考書に絞って勉強したこと、それが非常に効果的だったことを私は先生に話しました。

そして、思い切って、こう聞いてみたのです。

「なぜ予備校ではこのやり方をしないで、授業ばかり受けさせるんですか？」

別にTを恨んでいたわけではないし、K先生のことは相変わらず大好きでした。素朴な疑問として聞いたつもりが、先生は驚いた様子を見せ、なぜか校舎長を連れてきました。

そうして2人の先生から聞いたのが、

「参考書での自学自習だと、完璧にしようと思うばかりに学習が止まってしまう場合がある。理解度が低くても、繰り返し定着させていくほうが確実で、だから授業をたくさん見るほうがいい」

ということ。

しかし、私が通っていた頃のTには、「完璧にしてから進む」方式の人気講座がありました。

それが「英単語トレーニングジム」。

目の前に素早く表示される「study（勉強する）」「book（本）」などの単語を、全て完壁に答えられるまで教室を出られないという授業です。非常にシンプルな内容ながら、この講座を受けた生徒と受けなかった生徒では、センター試験の点数が40点ぐらい違ったのです。

ですから、納得したふりをしながらも、私は釈然としませんでした。

何だか答えを濁された気がする。Tの授業が全部トレーニングジム方式なら、多くの人が浪人せずに済むのに……。

けれども、時間が経つほど、世の中はそんなに単純ではないとも思えてきました。

「俺でも気づくことなんだから、何かできない事情があるのかもしれない」

心のどこかでは先生たちを信じたい気持ちもありましたし、4年間通った予備校の裏側にも興味があった私は、今度はアルバイトのチューター（アドバイザー）としてTに通うことに決めたのです。

予備校があえて非効率的な授業をする理由は、バイトを始めてすぐにわかりました。

生徒が入ってこられないバックヤードで交わされる講師たちの会話。「ノルマ」「売り上げ」などという言葉が飛び交っているのを耳にすれば、詳しい事情を聞かなくても、営業ノルマがあることも、営業成績が授業料の売り上げに直結していることも、すぐに理解できました。

そして、その中で突出して成績がよかったのがK先生だということも……。

私は、その事実を必死に脳裏から追い払おうとしました。しかし、あるとき目にした1枚の写真が、私に追い打ちをかけます。

そこに写っていたのは、K先生とTの社長でした。場所はどうやら海外の邸宅で、豪華なリビングルームの中、リラックスした服装の2人が並んでいる。

知らずにいたほうがいいのか、真実を知るべきか。何度も気持ちが揺れましたが、ついに私は先生に尋ねました。

「先生、このツーショットってTの社長さんですよね。いつ撮った写真ですか？」

「ああ、これね。ロサンゼルスにある社長の別荘に招待されたときだよ」

「えっ。先生、社長と仲良しなんですか？」

「だって俺、営業成績全国ナンバーワンだから」

この後も「この社長の別荘が豪華でさー」などと、K先生は何事もなかったかのように話を続けていましたが、私の耳にはほとんど入ってきませんでした。

いつも優しい言葉をかけてくれて、やる気を引き出してくれたK先生。けれど、全てはK先生の営業成績のためだったのです。

「参考書での自学自習をなぜ取り入れないのか？」と聞いたとき、答えを濁された気がしたことも思い過ごしではなかったと気づきました。

予備校が〈正しい勉強法〉を教えないのは、やはり生徒に授業料を多く払わせるためだった、そう結論づけざるを得ませんでした。

けれども、先生たちだって仕事なのだから仕方がない。悪いのは予備校のシステムそのもの。

このシステムを変えない限り、ムダな授業を受けて、払わなくてもいいお金を払って、受験で失敗してしまう私のような生徒は生まれ続けるのだろう。

ここで、ある思いが私の中に芽生えました。

私はすでに〈正しい勉強法〉を知っている。それを伝えることで、頑張った生徒が報われる環境をつくれるのではないか。少なくとも、〈正しい勉強法〉に気づいた以上、それを1人でも多くの受験生に伝える義務があるのではないか……。

そう、私が新しい形の予備校をつくればよいのだと。

予備校の合格実績の嘘

「だけど、予備校ってどうやってつくるんだ？」

いきなり壁にぶち当たった私は、Tのアルバイトを続けながらマーケティングをすることにしました。さらに人気のEでもアルバイトを始め、Tで見てきた裏事情が他でも共通なのかをリサーチしていったのです。すると、やはり、

「〝セレクト講座〟で生徒1人につき、●コマ授業を取らせること」

「夏期講習では、最低●講座取らせること」

など、言い方が少し違うだけで、ノルマ制であることはほぼ一緒でした。

事実が明らかになるごとに、悔しさが募ります。けれど、歯を食いしばって2つの予備校で働いていくうち、他にもさまざまなカラクリが見えてきました。

まず、おかしいのが「合格実績」の数字です。

かつての私は、「東大、早慶に○○人合格！」という宣伝文句を見て、

「こんなに合格しているなら信頼できる」

と思ってしまっていました。実は、この数字の出し方がいい加減の極みなのです。

たとえば、1人の受験生が早稲田の3学部に受かると、その場合は「合格実績3人」とカウントされます。ですから、実際の合格者は「合格実績」の数字よりも少ないことがほとんどです。

また、お試し感覚で無料の講座や模試を受けただけでも、合格すれば「我が校の生徒」として、実績にカウントされてしまいます。

特に、有名進学校に通う生徒は、予備校間での激しい争奪戦。校門の前で大手予備校が「無料特別講座ご招待！」などのチラシを配ることはしょっちゅうで、それを1回でも受講すれば「我が校の生徒」です。

さらに一部の有名予備校では、早稲田や慶應の付属高校から進学した場合、受験をしていないにもかかわらず「合格実績」に加えてしまうこともあります。

付属で大学まで上がれるなら、予備校なんて行かなくてもよさそうですよね？

でも実は、有名私立大学の付属高校では、内部推薦資格をもちながら国公立大学を受験すること、つまり「早稲田の理工学部へ行ける資格をキープしながら、東大医学部を受験」といったことが可能なのです。そして、そういう生徒の多くは受験対策として予備校に入る。その分、「早大合格実績」のカウント対象も増えるというわけです。

各予備校が発表している合格実績と、実際の合格者数を比べてみると、予備校が嘘をついていることがよくわかります。

たとえば2014年度の各予備校の「東大合格者」を見てみると、

河合塾……………………1143人
駿台予備校………………1373人
東進ハイスクール………668人
合計………………………3184人

これに対し、実際の東大合格者数は3109人。何と、実際の合格者数と、たった3つの予備校の合格者数で、75人もの差があるのです。

さらにZ会が公表している「東大合格者数」1086人も加えると、4270人になってしまう。あまりにもデタラメな数字で笑ってしまいます。

先生も生徒も苦しめる「1授業いくら」のシステム

しかし、予備校が抱える問題の根源は　授業料の売り上げが先生の評価に直結していることです。「1授業いくら」のシステムでは、生徒にいかに多く受講させるかが勝負。結果として、生徒の不安をあおるやり方がスタンダードになってしまったのだと思うのです。

そして「1授業いくら」のシステムは、先生たちも苦しめている。

予備校の先生は単年契約ですから、講義の売り上げが悪いと次がない。日頃から厳しいノルマに追われ、最も稼げる夏期講習で生徒が集まらなかったら大ピンチです。そのため、生徒1人1人の伸び率よりも、自分の営業成績を大事にせざるを得ない。

もしかしたら、K先生も心のうちでは苦しんでいたのでしょうか……？

ここで思い出してほしいのが、この章の最初に出てきた秀才の杉原くんです。私は大学進学後に杉原くんと会う機会があり、何気ない世間話をした後で、

「杉原くん、代ゼミに激安で通えてうらやましかったよ。授業はどれくらい受けてたの？」

と聞いてみました。すると、彼からは驚きの答えが返ってきたのです。

「全然。だって授業なんてムダじゃん」

「え？　せっかく激安だったのに？」

「おもしろそうだと思って聞いた授業もいくつかはあったけど、基本は自習室で参考書だったよ。いちいち授業を聞いてたら、勉強が終わらないじゃん」

さすがは杉原くん、彼は最初から予備校システムの欠陥を見抜き、〈正しい勉強法〉で勉強をしていたのです。

私は「やっぱり参考書が最強なんだな」と、嬉しく思いながらも、続けて質問しました。

「授業に出ないのに、どうして代ゼミに入ったの？」

「だって、自習室がタダで使えるでしょ。エアコン効いていて快適だったし、わからないところがあったらチューターに聞けたしさ」

この言葉に、私はぐうの音も出ませんでした。〈できる生徒〉は違うのです。杉原くんは、予備校を上手に利用できた生徒だったといえるでしょう。

杉原くんに限らず、〈できる生徒〉であれば、予備校のシステムのおかしさに早々に気づき、自分で何とかできてしまう。

しかし、矛盾に気づいたところで、大学に合格した生徒は受験市場から去っていきます。

彼らはわざわざ、

「予備校に通っても、あんまり意味がないぞ」

などとは教えてくれません。

そうして市場には、何も知らない生徒だけが毎年、大量に入ってくる。その連鎖を断ち切らない限り、私のように予備校に利用されてしまう生徒が減ることはないのです。

武田塾、誕生!

大学入学以来、〈正しい勉強法〉を教える塾を開くため、私はTとEでアルバイトとして働き、その裏では予備校経営の仕組みを探り続けました。

そこでは特に、Eのやり方がヒントになりました。

私がアルバイトをしていた教室では、表向きは「全員正社員」をうたいながらも、実際は社員2人+アルバイト20人という構成でした。いってしまえば、ほとんど素人だけで1教室を回していたのです。

もちろん、保護者に嘘をつくのはいけません。けれど、その2人の正社員がやっていることは、間違いなく予備校経営のポイント。そう気づいた私は、彼らの仕事を観察して覚えることに集中したのです。

そうして、わかったことは「特別なことは何もない」ということでした。

授業のコマ組みや先生の配置、月謝の引き落としのチェックなど、普通の事務作業さえできれば、予備校の運営はできるのです。これなら、素人の私でもすぐに始められる。

そして2004年12月、私は株式会社を立ち上げ、大学1年生にして社長に就任しました。

起業資金は私のアルバイト代でまかない、予備校のスペースを借りずに済むよう、家庭教師を派遣して〈正しい勉強法〉を伝える方法を取ることにしました。

しかし、当初は試行錯誤の連続。生徒ばかりか、講師もまるで集まらず、家庭教師を派遣する会社の社長のはずが、一番派遣されているのが自分……という状況に陥っていました。

けれども、自信となったのは、少ないながらも、全ての生徒たちが結果を出せたことでした。

たとえば、「普通科高校進学は不可能」といわれ、学年最下位だった中学3年生を第一志望の普通科高校に合格させたり、10月の段階で偏差値40だった受験生を受験直前までに偏差値60までにしたり。

この経験は「〈正しい勉強法〉は本物！」という自信を私に与えてくれました。

起業から1年が過ぎた頃。家庭教師としてがむしゃらに働いたおかげで、私の手元には100万円のお金が貯まっていました。

春には大学3年生。このまま会社を続けるか、就職活動をして一般企業に就職するかを考えるときが来た……そう思った私は、勝負に出ることにしました。

「学生ベンチャーに参加しませんか？　幹部候補生募集！」

と、学習院大学新聞に社員募集の広告を出したのです。

これが吉と出ました。優秀で、しかもユニークな人材が集まってきたのです。

そして、2006年元日。そのうちの1人が「2ちゃんねる」に受験相談のスレッドを立ち上げたことで、武田塾は大きく動き出すことになりました。

「武田です。まだ入試まで1カ月半あります。今からでも逆転合格できる方法を教えましょう」

そんな言葉と「2ちゃんねる」らしい軽いノリが受験生の心に響いたのでしょうか。スレッドには不安を抱えた受験生からの質問が途切れることなく続きました。

質問には同じものも多いため、回答集にまとめ、「武田の受験相談所」というブログを立ち上げると、今度はそのブログに火がつきました。

あっという間に、1日5000アクセスをたたき出すまでになり、受験業界では有名なカリスマ講師のブログも凌駕《りょうが》するほどになってしまったのです。

「直接、相談に乗ってほしい」

「どこかで実際に予備校を開く予定はないんですか?」

そんな質問も続々寄せられるようになり、私は開校を決意しました。

JR御茶ノ水駅近くに場所を借り、自分たちで机や椅子を運び込みました。

そして2006年3月、ネットで私たちの存在を頼りにしてくれたものの、受験には失敗してしまった受験生たちが1人、また1人と集まってきてくれたのです。

初年度の生徒数は、わずか14人。

でも、そこから武田塾の逆転合格の伝説はスタートしたのです。

第3章

〈できない生徒〉を伸ばすには、どうしたらいいのか?

〈学習の三段階〉は無敵！

大学入学以来、予備校でのアルバイトを続け、起業もした私は当然、大学に行く時間がありませんでした。授業にもほとんど出ませんでした。

政治学という、これまで勉強したことのない学問でしたが、私にはある自信があったからです。

「授業なんて出なくても、教科書とレジュメさえあれば、試験は乗り切れる」

受験のときに嫌というほど味わった「授業に出ても、復習・暗記して自分のものにしなければ意味がない」という事実。それは大学でも同じではないかと思ったのです。

授業には全く出ないまま、試験前には真面目な友達のノートと教科書を丸暗記する勉強法で大学1年を乗り切り、迎えた春休み。私のもとに大学から電話がかかってきました。

授業に全く出ていないのがバレたのかと、一瞬冷や汗が出ました。ところが電話の向こうの大学職員が伝えてきたのは、思いもよらない言葉でした。

「林尚弘くんですね？　成績優秀につき、君を大学で1名の特待生に推薦します」

信じられますか？　授業に全く出なかった私が「大学で1名の特待生」です。毎日、真面目に授業に出ている学生よりも私のほうが成績がよかったことが証明されたのです。

「やっぱり、授業は意味がない」

そう思うと同時に、私は〈正しい勉強法〉を構成する〈学習の三段階〉に対する自信を深めました。

〈学習の三段階〉とは、「わかる（理解）」⇒「やってみる（再構築）」⇒「できる（記憶）」ということ。

「わかる」ために、私たちは小学校から膨大な時間の授業を受けさせられています。でも、授業はあくまでも「わかる」を助ける一手段。参考書を使っても、友達に聞いても、自分にとって効率的なやり方を選んでよいのです。

最も大事なのは「できる」状態になるために、とことん自分で「やってみる」ことです。受験やテストを左右するのは、いかに「やってみる」を徹底したか。そこのみなのです。

「やってみる」のモチベーションやペースを管理して伴走し、ときに叱ったり、背中を押したりすれば、どんな〈できない生徒〉でも「できる」ようになる。

武田塾が提唱する〈正しい勉強法〉はこうしてつくられていきました。

8倍速！ どこよりも速い勉強法

自分で「わかる」ようにするために、授業でなく参考書を活用する。それは他の受験生を追い抜くための「どこよりも速い勉強法」であるといえます。

まず、武田塾が提唱する〈正しい勉強法〉の流れを説明しましょう。

1 授業はなく、参考書で自学自習する

2 参考書には解答解説が揃っているから、ノートは取らない

3 ノートを取る時間を「やってみる」時間、覚える時間に充てる

4 一度覚えたらテストをして、間違えた問題を重点的に復習する

5 完璧になってから次に進む

1週間でいえば、火曜日から金曜日まで1日に2章ずつ完璧にしていきます。参考書でいえば、1週間で1冊のペース。1週間に授業1コマ、1章ずつ進む従来の予備校と比べたら、なんと8倍ペースです。

「8倍速なんてあり得ない」

「無理やり詰め込んで覚えたとしても、すぐに忘れてしまうのでは？」

そんなふうに思いますか？　これが、忘れないんです。

なぜなら、土日はその週に覚えた8章分の復習に充てるから。

そして、翌日の月曜日に、武田塾の講師のチェックの下、きちんと覚えているか、8章までの範囲からランダムに出題をして確認。ここで、全問正解なら次の参考書へ。その他の人は間違えたところを復習してから再テスト。

つまり火、水、木、金の4日で、〈学習の三段階〉の「わかる」「やってみる」「できる」をひとまず進める。土日の2日間で、再び「やってみる」「できる」をして、しっかり復習。記憶を定着させます。そして月曜日に「できる」を再確認。

私の受験生時代の失敗をふまえて、「覚える時間」をしっかりと取り、確実に「できる」の段階に引き上げているのです。

このやり方で順調にいくと、高校では週6時間、1年かけて教わるはずの英文法・語法の参考書『Vintage（ヴィンテージ）』が、たった15日で完璧になってしまいます。

完璧ということは、この『Vintage』に出てくる文法、語法だったらどこを出しても答えられるということ。同様に単語・熟語もやっていくと、〈できない生徒〉でも皆、2カ月半ほどで英語の基礎を完璧にしてしまいます。

スピードと効率を重視するのは、受験とは戦いだからです。

その年に、難関大学に合格できる人数は限られている。浪人生という強力なライバルもいるのですから、大勢と同じカリキュラムで進む予備校では意味がありません。

「単語」「熟語」「文法」さえ覚えれば、逆転合格に近づける

武田塾では、どの教科も〈学習の三段階〉で、完璧にしながら仕上げていきます。

もちろん「64ページの問3の答えはA」というような丸暗記ではなく、それぞれの解説ポイントをしっかり頭に入れることを目指しています。こうすることで、どんな切り口の問題を出されても対応できる解答力をつけることができるのです。

それでは、ここからは具体的な勉強法を説明していきましょう。

例として「英語」を挙げたいと思います。なぜなら、英語は大学受験において最も得点源となる教科であり、勉強する分野も非常に多いからです。

一口に「英語」といっても、単語、熟語、文法、語法、英文解釈、長文読解、英作文、リスニングなど、その内容は細かく分かれています。さらに英文法も仮定法、不定詞、動名詞などと細かく分かれていますし、リスニングにも会話、発音、アクセントなどがある。

これだけ細かく分かれていると、受験生はどこから勉強をしたらよいのか、自分はどこが苦手なのかがわからなくなってしまいます。

けれども、基本に立ち返ってみると、最も重要なのは「単語」「熟語」「文法」に尽きます。実は、この3つさえ完璧にしていれば、たいていの大学には合格できるのです。

というのも、単語、熟語、文法をマスターしていれば、長文も読めるようになるから。長文読解で大切なのは、下線が引かれた部分を訳すこと。ここは長文の中で「一番難しい」とされる部分であり、だからこそ出題され、入試では配点が高い問題といえます。

でも単語、熟語、文法がわかっていれば、「一番難しい」とされる箇所でも、何とか訳すことができます。その段階になってから、センター試験レベルの長文を読む練習を始めればいいのです。それができたら、MARCH（明治、青山学院、立教、中央、法政）、早慶、東大・京大……と、時間と余力に応じてレベルを上げていけば、ムダなく時間を使うことができます。

そのためにも大事なのは、基礎。

武田塾では、高校3年の秋に駆け込んできたような生徒でも、まずはしっかりと基礎から始めてもらいます。

「基礎を覚え終わった頃には、もう受験直前なのでは？」と思うでしょう？　そのとおりです。

でも、そこさえ固めておけば、逆転合格は可能。事実、武田塾には、そんな逆転合格者がゴロゴロいます。

続いては、英語の基礎をマスターするまでを詳しくお話ししていきましょう。

2カ月半で、英語の基礎が完璧になる！

武田塾のホームページでは、全教科のおすすめ参考書と、完璧にしていく順番、1日の目標ペースなどを詳しく紹介しています。

英語の場合、最初に取り組むのはこの3冊。以下の順番で完璧にしていきます。

1 単語『システム英単語』（改訂新版）
2 熟語『速読英熟語』
3 文法『Next Stage（ネクステージ）』『総合英語Forest』

このうち、単語と熟語はひたすら暗記し、完璧にするのみです。『システム英単語』（改訂新版）の総単語数は2197。それを1日に100個ずつ覚えるのが標準的なペースです。

前述したように、武田塾では「火、水、木、金の4日で覚えて、土日の2日間でしっかり復習」という進め方をしていますので、1週間では400の単語を覚える計算になります。

このペースで進むと、33日で『システム英単語』が完璧になる＝どこから出題されても答えられる状態になるわけです。

『速読英熟語』も同様に、火曜日〜金曜日は暗記をして、土日を復習に充てます。全60テーマのうち、1日3テーマを覚えていくのが標準ペース。1週間に12テーマ覚えることができるので、30日で完璧に仕上がる計算です。

文法の『Next Stage』は「Part 1（文法）」「Part 2（語法）」「Part 4（会話表現）」を覚えます。

Part 3の「熟語」についてはすでに、『速読英熟語』を完璧にしているため、飛ばしてしまって大丈夫。残りの部分は、センター試験や模試の直前に行います。

覚えるべき内容は、全部で20章。これを1日に2章ずつこなしていきます。

火曜日～金曜日で8章進み、土日は復習。このペースだと、15日で20章が終わります。

ちなみに『Forest』は知識の補充用と考えています。『Next Stage』の中にわからない文法が出てきたら『Forest』で調べる、という使い方です。

単語に33日、熟語に30日、文法に15日。

計78日の約2カ月半ぐらいで、ここまでが完璧になります。実際は、単語と文法を同時進行にするなど、1カ月半ほどで終える生徒も多いのです。

武田塾の生徒、約2000人が完璧にしていますから、絵空事ではありません。しかも、こういっては語弊がありますが、武田塾の生徒は決して〈できる生徒〉ではありません。

それでも、このカリキュラムに沿ってやれば、2カ月半で完璧になるのです。完璧にならなかったとしたら、その生徒の努力が足りないということです。

単語100個を覚えるには？

もちろん、これを初めて聞いた生徒はうろたえます。そもそも「1日に100個の単語を覚える」というスタートからしてハードルが高すぎると言うのです。

だけど、ちょっと考え方を変えてみてください。

まずは10個覚えるというのはどうでしょうか？　生徒たちに尋ねてみると、

「単語10個ぐらいなら……」

と、少しやる気になります。それでは、その「10個覚える」を、10回繰り返したら？

そうです。100個の単語を覚えられるというわけです。ただし「10個覚えた、次！」と単純に進めていては、100個目に到達する頃には前半の記憶が怪しくなっているはず。

ですからここでも、こまめに復習をすることが大切です。

具体的には、このようなやり方をします。

1　10個の英単語を暗記する

声に出す、紙に書くなど、覚え方は自分のやりやすい方法で。

2　実際に10個覚えたかどうかをテスト

3　間違っていたものがあれば覚え直して、できるようになるまで再テストをする

ここまでの「10個の単語が完璧になった状態」を1セットとする。

4　5セット進んだら、50個の単語をテスト

間違えたものは覚え直して再テストし、50個を完璧にする。

5　1～4を繰り返し、最後に100個をテスト。間違っていたものは覚え直す

10個覚えるごとにテストをして、50個で最初に戻って確認をする。100個まで覚えたら、また最初からテストをする。100個覚えるまでの間に、単語1個につき3回復習のタイミングがあるわけです。

地道なやり方ではありますが、だからこそ確実。これならどんな生徒でも、1日で100個の単語を覚えられます。

もちろん、覚えるペースには個人差もあります。適正ペース、つまり「勉強の適量」は自己判断しづらいものですが、勉強の初期段階でシンプルな暗記作業をすることで、自分の暗記が速いほうか遅いほうかを知ることができる。

ちなみに、武田塾の生徒の平均ペースは「単語100個に80分」です。高2の終わりで「何も身についていない！」と駆け込んできた生徒でも、このぐらいのペースで単語を身につけることができます。意外に速いとは思いませんか？

そして、この暗記方法は全ての教科に共通するのです。

数学の公式も、日本史や世界史の年表も、古文の文法だってどんどん覚えることができます。

「少しずつ確実にする」

「確実になったら〝括り〟を大きくしていく」

「最初に戻って復習する」

これが武田塾の暗記法。勉強をするということは、決して難しくはないのです。

上手に「×」をつける

この暗記法で特別なところは、「×」のつけ方かもしれません。ちょっとしたコツをふまえて「×」をつけると、一度覚えたものを忘れないよう、うまくメンテナンスできるのです。

たとえば、先程説明をした「単語100個の覚え方」。

10個暗記するごとに、ちゃんと覚えられたかどうか、自分でテストをして確認します。

その際に、できなかったものには「／」と印をつけます（最初の×）。

次に「／」のついたもののみ覚え直し、再びテスト。また間違ってしまったものには最初の「／」に「＼」を足し、「×」とします（2回目の×）。

「×」となったもののみ、また覚え直し、テスト。また間違ってしまったら「＼」をもう1本足します（3回目の×）。3回目以降は「＼」が増えていく、というつけ方になります。

そうして10個暗記を完璧にしていき、50個まで進んだら最初に戻ってテストをします。

ここでできなかったものには、新たなスペースに「／」と印をつけます（復習での最初の×）。以降は、10個暗記のときと同じ方式で進めていきます。

こうした「×」のつけ方をすると、何がいいのか？

自分が苦手な単語が一目瞭然。「覚えるのにどれだけ苦労したか」までが一発でわかるのです。

復習するときは、それを重点的に覚え直せばいい。ことあるごとに見直したり、別紙にまとめるなどの工夫も取り入れるとよいでしょう。そうして最終的に完璧になったら、もう大丈夫という意味で「〇」をつければよいのです。

苦労したものをこまめに復習することによって、記憶を完璧に定着させる。

仕組みとして、これ以上ないほどシンプルです。

けれど、多くの受験生は、一度間違ったものに「×」をつけても、答えを確認するだけで終わっているのではないでしょうか。

「似たようなものを何度も間違えるなあ」

という自分のパターンに気づくのも遅いと思います。これでは惜しい。

「×のつけ方」ひとつ工夫するだけで意識が変わり、暗記のムラがなくなります。

単語100個の覚え方と同様に、この「×のつけ方」も全教科共通の勉強法ですので、ぜひ試してみてください。

覚えているうちに復習する

とはいえ、覚えた知識が増えていくほど、忘れないようにするのは大変になります。

ここでカギとなるのが、復習のタイミングです。

5分前に覚えた単語はすぐさま思い出せるのに、1カ月前に覚えた単語は「初めてかな？」と思うぐらいに忘れている。どうせなら、忘れきってしまう前に復習したいものです。

人は一度覚えたことを、時間の経過とともにどのくらい忘れるのでしょうか。

これについて、ドイツの心理学者・エビングハウス氏が興味深い研究をしています。

サンプルとなる人たちに無意味なアルファベットの羅列を暗記してもらい、一定の時間が経つごとに思い出してもらうという実験をして、その結果をグラフ化しているのです。

詳しくデータを見てみると、20分後には42％も忘れ、1時間後には56％忘れている。1日後には74％、1週間後に77％、そして1カ月後には79％も忘れてしまっていました。

「人間は忘れる生き物」ともいわれていますが、それにしても……なデータです。

容赦ないほどの急降下ぶりを見せるこのグラフは「忘却曲線」とも呼ばれています。注目すべきは、最初の20分間から1日までの急激な忘れ具合です。1日で74％も忘れてしまう。1カ月後の忘却率が79％ということを考えると、初日にほとんどを忘れてしまうといえます。

しかし、武田塾の暗記方法は「10個ずつに分けて何度も繰り返す」方法で、1日に何度も暗記を繰り返すので、そもそものスタートから違います。さらに「4日進んで、2日戻る」という方法を組み合わせていますから、さらに忘れにくく、定着しやすいのです。

そう、復習とは「覚えている間」にやらないと意味がない。

武田塾の「10個ずつに分けて何度も繰り返す」方法と「4日進んで、2日戻る」方法は、覚えているうちに間違えた部分を反復し、確実に脳に定着させていく最強の暗記方法なのです。

ところで「忘れる」ということには「再認可能忘却」と「完全忘却」の2種類があることを知っていますか？

「昨日やった単語を忘れてしまった」という場合は「昨日勉強した」ことを一応覚えています。だから参考書を開けば、すぐに思い出せる。この状態を「再認可能忘却」といいます。

対して「完全忘却」というのは、一度覚えた単語を1カ月放置してしまった場合。「こんな単語やったっけ？」と、勉強したことすら忘れてしまっている。そんな状態で参考書を開いてもピンと来ないし、また最初からやり直すハメになってしまうのです。

2種類の忘却があるわけは、人間の脳は「いらないものは消す」ようになっているからです。

人間がもし、生涯見たものを全て鮮明に覚えていて、忘れることができないとしたら、あまりにも重い荷物になりすぎて、精神的にも支障をきたすと聞いたことがあります。

「いらないもの」とは、生活に必要ないもの。蛇口のひねり方など、「生活に必要」と脳が認識していることは忘れませんが、英単語は、日本で生活していれば忘れてしまっても支障はない。だから一生懸命に覚えても、どんどん忘れてしまうのです。

けれども、「忘れても支障はない」はずの英単語を繰り返し復習していると、脳が「また出てきた。ということは、生きるために必要なのかな？」と、誤解をします。

そうして、英単語を「忘れてはいけない」ゾーンのものとして認識するようになるのです。

ただし、記憶を定着させるには「何回もやっている」と脳にわからせないといけません。

つまり、一応は覚えている「再認可能忘却」のうちに復習を繰り返すのがコツなのです。再認可能のうちならすぐに思い出すことができるので、参考書を眺めるぐらいでもいいから、とにかく毎日復習してみる。エビングハウス氏の研究では、これを3回繰り返すと記憶に定着すると結論づけています。

記憶は繰り返して完璧にする。このことを理解してもらえれば「1冊を完璧にする」という武田塾のやり方に納得してもらえると思います。また、「1冊を完璧にする」ということは、「1冊やりきった、まるまる理解した」と自信をつけることでもあります。

私自身、初めて単語帳を完璧にしたときには全く違う世界が見えました。覚えた知識を、自分の中から自在に取り出せるようになって初めて、「自分の意思で勉強しているんだ」と思ったことを今でもよく覚えています。

授業を聞いただけ、ノートを取っただけの「受け身の勉強」では、決してこのような自信はもてなかった。自分の力で確実に理解し、身につけていくことで、受験を戦い抜くメンタルも鍛えられるのです。

●数学はしんどい教科

ここからは、数学についての話です。

文系の最重要科目はといえば英語ですが、理系においては数学がそれに当たります。

ただし、数学とは、非常に効率の悪い科目。伸びるまで大変な時間がかかってしまうため、間に合わなくなって途中で諦めてしまう受験生が少なくないのです。

公式や解法など、数学で習う内容自体はそう多くはありません。

それなのに、数学の授業がやたらと多いとは感じませんか? たいていの高校では週に5〜6時間、ほとんど毎日習っているはずです。

週に6時間を3年間。文系ならⅡBまでなので2年間ですが、それだけ勉強しないと受験範囲が終わらないのが数学なのです。

第1章では、「授業では受験範囲が終わらない」という話をしました。

特に最後まで終わらないことが多いのが、日本史や世界史。それでは、数学と比べて歴史の授業数はどうだったかというと、週に2〜3時間という学校がほとんどです。

ということは週に6時間も教われば、1年間で余裕で終わる。あんなに大量に覚えなきゃいけない歴史、その2倍、3倍の時間が数学には必要なのです。そう考えると、いかに数学がしんどい教科であるかをわかってもらえるはずです。

もちろん、ここまでの話はあくまでも教科書レベル。MARCHや早慶、東大・京大とレベルアップしていくと、どんどん難しい問題が出てきます。難易度が上がれば問題を解く時間も増えていくため、1日に勉強できる問題量は少なくなってしまう。

そのため、数学の場合はどうしてもペースが遅くなります。英語の基礎は2カ月半で固まるのに、数学は基本的な解法を覚えるだけで半年ぐらいかかってしまいます。

高1や高2から勉強を始めた場合ならまだ時間がありますが、高3で半年もかけてしまうと、もう受験直前です。極力、ムダを省いてショートカットを試みても、3〜4カ月は必要。

そう、受験のために必要な学力をつけようとした場合、断トツで勉強時間が多い、しんどい教科が数学なのです。

そもそも、武田塾へ来る生徒たちのスタートラインは低い。

意外な数学センスを発揮したり、倍の勉強時間を確保して頑張った生徒たちもいましたが、99%は間に合いません。

さらにいえば、武田塾で間に合わなかったら、他ではまず間に合わない。他のところで間に合うと言われたら、それは嘘をつかれているのです。

数学が苦手でも医学部へ行ける！

勉強しても勉強しても追いつかない、しんどい教科、それが数学。そのため武田塾では、「数学は間に合わない」と最初に伝えてしまうことがあります。

特に、文系志望で、選択科目を数学か社会かで迷っている場合は、全力で社会を推します。

とはいえ、どうしても数学を避けられないのが、医学部を目指す生徒。

その場合は、裏技を使います。

数学は、難しいレベルの参考書になるほど時間がかかりますが、教科書レベルまでなら半年で何とか仕上がります。なので、地方の私立まで視野を広げて、センター試験レベルの数学しか使わない大学、難易度ができるだけ低い医学部を探すのです。

「関東で国立がいい」という人には、千葉大学の医学部をおすすめしています。

というのも、千葉大はラッキーなことに、理学部と医学部の問題が共通なのです。

通常、医大では、医学部受験専用のとんでもなく難しい問題が出題されますが、千葉大なら、医学部向けの難しい問題も一部はあるものの、大半は他学部と同じ問題で、国立大向けの標準的な難易度の問題集で十分に戦える。

もちろん、医学部を受験するには高い正解率をキープしなくてはいけないので、ある程度は頑張ってもらわなくてはいけないのですが、医学部専用の問題に比べるとハードルは格段に低く設定できます。

それなのに多くの予備校では、問題の難易度が標準的な医学部と難関医大を「国公立医学部コース」などと一括りにしています。千葉大学のような医学部はいくつもあるのに、どうして一緒にしてしまうのか？

中には受験直前になって「センターレベルの数学だけで戦えた」と判明する受験生がいます。2次試験用の超難問をたくさんの時間をかけて勉強しなくてもよかった……と、直前になって気づくなんて、あまりにもかわいそうです。受験生にとって、時間は命なのですから。

ところで、「国立大向けの標準的な難易度の問題ができれば、千葉大学医学部に合格できる」という話には、多くの受験生が驚きます。

それは、医学部の問題は「独自で特別に難しい」と思っているから。けれど、東大だって全学部共通です。地方の私立医大の入試などは、センター試験レベルで突破できます。医学部オンリーの難関医大を目指すならともかく、それ以外の大学では特別に勉強法を変える必要はないのです。

基本的な参考書をきっちり仕上げて、覚えるべきものを覚えれば、どんな大学にも入れてしまう。医学部を目指す場合も、医学部専用の参考書に替える必要はないのです。断言してしまいましょう。参考書に載っていることしか入試には出ません。

志望校の出題傾向をしっかり分析したら、後はそれを理解し、暗記するのみなのです。

「ここまでやったら次はここまで、次はここまで」……と、下のレベルから完成させていくのが、最もムダのないルート。

一般的な予備校のように、基礎もできていない春の段階からいきなり医科歯科レベルの数学をやらせたり、慶應レベルの長文読解に取り組ませるようなことは、武田塾ではあり得ない。それは単なる時間のムダ、授業料のぼったくり、と考えています。

武田塾の「基本ルート」

「ルート」という言葉が出たので、ちょっと説明させてください。

英語の勉強法のところで、取り組むべき参考書とその順番、完璧にしていく内容などを紹介しましたが、武田塾ではこれらの勉強内容に「基本ルート」という名称をつけています。

「基本ルート」は全ての教科に対応しており、ホームページではその内容を誰でも無料で見ることができます。

また、「基本ルート」は志望大学のレベルにより、4段階にアレンジされています。第1段階「日大合格レベル」、第2段階「MARCH合格レベル」、第3段階「早慶合格レベル」、第4段階「東大合格レベル」とレベル分けして、どの参考書をどの順番で、どう勉強すればいいのか（例題はやるけど類題はカットする、この部分はセンター直前にやる、この参考書の問題は解かずに補助的に使うなど）が一目でわかるようになっています。

この「基本ルート」をつくり上げたのが、第2章に出てきた中森くんです。

中森くんは、私が塾をつくりたいと考え始めた頃から「一緒にやりたい！」と賛同してくれていました。そうして講師としての技術を磨くべく、彼も大学時代に大手予備校で2年間アルバイトをしていたのですが、そこの経営陣の無茶ぶりがすごかった。

その予備校では、集団と個別の両方を教えていました。集団授業はテキストに沿って教えればよかったのですが、個別の子たちは状況がバラバラ。それぞれに合わせた教材もなかったので、中森くんは独自に工夫を重ねて、生徒たちを指導していました。

そんなある日、中森くんは上司からとんでもない指示を出されます。

「中森くん、数学Ⅲやったことある？」

「いえ、僕は文系だったのでないです」

「そうなんだ。でも人がいないから、明日からよろしくね！」

どう思いますか？　習ったこともない教科をいきなり教えることになったのです。しかも教材も、自分で用意しなければならない。

しかし、中森くんはやはり、ただ者ではなかった。

ここで途方に暮れるでもなく、ブチ切れるでもなく、まっすぐ書店へ向かい「やったことのない自分でも理解できるものを」と、参考書を必死に探したのです。

ここで思いがけず役立ったのが、受験直前に参考書をひたすら仕上げた経験。参考書を見る目がいつの間にか肥えていて、なじみのない教科であっても「この参考書はポイントをつかんでいるな」「これは問題のレベルが高すぎるから除外しよう」といった判断ができるようになっていたのです。

また、その頃はちょうど「簡単すぎるぐらい簡単」という参考書が増えてきた時期でもありました。私や中森くんが高校生の頃、参考書とは「教科書よりも詳しいもの、内容を発展させたもの」という要素が大きかったのですが、2004年頃から「教科書がわからない人」を対象にした、よりわかりやすく詳しい本が出てきました。

そうして厳選した参考書で、中森くんは無茶な状況をみごとに乗り切りました。

「コイツ、デキる」と思った上司からけその後、物理や地学、中学受験の授業まで押し付けられましたが、全て参考書で乗り越え、ついにはその塾の学年主任にまで昇格しました。

その後、満を持して武田塾に入社したときには、教えたことがなかった教科もカバーしたことで、参考書を通して受験の全貌を見渡せる視点が備わっていた。大げさではなく「参考書のことなら何でも知っている男」となっていたのです。

そんな中森くんは、今では武田塾の執務主任を務めています。

彼の異名は「参考書ソムリエ」。武田塾に駆け込んでくる生徒のために、「誰でも完璧にできる」という参考書の組み合わせ＝「基本ルート」を常に考えてくれています。

完璧な参考書はない、だから組み合わせて「ルート」をつくる

当たり前のことですが、参考書とはどうしても「教科別」につくられています。

大学受験の全体、合格への道のりを考えているわけではないので、新しい参考書が出たり、改訂されたりしたところで、どうしても「完璧な1冊」というのがありません。

中森くん改め、中森先生は、講師のアルバイトをしていた頃から、

「こういう参考書が理想なのに、つくってないんだな」

「これとこれが合体した参考書があればいいのになぁ」

と思うことが多かったそうです。

そこで市販されている参考書の中から、必要なエッセンスを抽出。教科ごとに最適な組み合わせを考え出して、レベル別に対応することで、武田塾独自の合格への近道、誰でも終わらせることができる「基本ルート」ができあがったのです。

しかも、考えるだけに終わらないのが中森先生です。

彼は初めて「基本ルート」をつくった後、自らセンター試験に出願し、その参考書だけで勉強して、みごとに高得点をたたき出してきました。

「このルートなら、誰でも参考書で受かるよ！」

自らの基本ルートの素晴らしさを立証し、喜んでいる。ちょっとマニアックな彼の笑顔を私は忘れることができません。

そもそも、書店でズラリと並んだ参考書の中から最も自分に合う1冊を選ぶ作業は、受験生にとってはなかなか難しいものです。

私自身、現役生の頃はあれもこれもと手に取って、わけがわからなくなった経験があります。

さらに悪いことに、参考書コーナーの前に立つとむやみにやる気が溢《あふ》れてきて、明らかに自分に合っていないハイレベルな参考書が欲しくなってしまった。しかし、買ってみると全く使いこなせず落ち込んだり、逆にものすごく薄くて簡単な参考書を選んでしまったりするなど、ブレにブレていました。

また、「志望校によって参考書を替えなきゃいけないのかな？」と悩んだこともありました。

しかし、実際に受験を終えてみると、大学の出題傾向に大差はないことがわかりました。出題傾向は大学によってではなくて、レベルで分かれている。英作文があるとか、文法問題が多いとか、世界史でこのあたりが出やすいといった細かい点が違うことはありますが、そのレベルの勉強まで終わっていれば勝負できる。大学別の参考書をあれこれ揃える必要はないのです。

ですから、参考書を書店へ買いに行く前には、ぜひ「基本ルート」を確認してみてください。

そうして自分に合ったレベルの参考書に取り組んで、まずは1冊ずつ完璧にしていく。そうすることで、初めて自信がつき、やる気にも火がつくと思うのです。

小論文も「暗記」でいける！

「小論文は自学自習では難しいのでは？」

という質問が寄せられることが、たびたびあります。

確かに小論文は添削が必要なので、なかなか自学自習では難しい科目です。それでもやっぱり、小論文の勉強のポイントも「暗記」なのです。

なぜなら小論文のテーマは、傾向がほぼ決まっているからです。近年、よく出題されるテーマとしては、こういうものがあります。
・憲法改正の是非
・世界の均衡の問題の解決
・環境汚染の問題
・原発の是非
・女性の参政権
こんな大問題に、普通の高校生が持論を展開するなんて難しいでしょう？

だから事前対策として、これらのテーマに対する「よくある意見」をピックアップして「暗記」をするのです。それを繰り返すうち、「このテーマにはこうした意見が多いな」とわかってくる。

知識をひととおり仕入れたら、小論文の参考書の出番です。参考書には「私はこの意見に賛成である。なぜなら……」といった「小論文の書き方」のパターンが載っていますので、それらをしっかり「暗記」します。

そこからはどんどん書いて練習していくことです。

最初は「よくある意見」のマネでかまわないので、とにかく最後まで書いてみること。知らないテーマが出てしまった場合に備えて「自信をもって書けるテーマに、論点をすり替えて書く」というテクニックも繰り返し練習しましょう。何度も書いているうちに、文章が自分らしくなってくるはずです。

ただ、この段階では添削をしてくれる人がいたほうがよいので、1人で勉強する場合は、ときどき学校の先生に見てもらうことをおすすめします。

自分だけでは進められない人、自分でどんどん進める人

授業というのは、自分勝手に先に進むことができません。「授業の範囲がここまでだから、復習するのもここまででいいや」と思ってしまうのが普通です。

「1週間に1章」のカリキュラム上そうなっているとはいえ、これは予備校のシステムにだまされてしまっている典型です。

これに対し、だまされない生徒とは、授業で習った範囲に関係なく先に進める人。

この二者の勉強を、世界史を例に説明しましょう。

予備校の授業を素直に受けている生徒をAくん、参考書でどんどん先に進んでいる生徒をBくんとします。Aくんも Bくんも、どちらも高校3年生です。

予備校で週に1回、世界史の授業を受けているAくんは、春に人類の誕生からローマ帝国までを習い、夏に中国史を習います。当然、夏期講習では中国史までの範囲しか教えてもらえません。

このあたりからAくんも「受験に間に合うのかな……」と思い始めますが、第二次世界大戦を習う頃には年末になっています。そうして冬期講習を挟んだ後に、中曽根総理が登場し、いきなりセンター試験に突入してしまう。

はっきり言って、これは受験対策になっていません。

対して、Bくんは進級するとすぐに『ナビゲーター世界史B』を買ってきました。それを毎日読んで覚えていたら、5月のうちに第二次世界大戦が終了。世界史の流れがすっかり頭に入ってしまいました。

自分だけでは進められないAくん、自分でどんどん進めるBくん。

どちらが効率的か、言わずもがなですよね。

このことに気づいて、自分で予習復習し、知識を定着させていくのが理想的な勉強法です。

本当は、武田塾にも入らず、通学時間やテストの時間をカットして勉強してほしい。だから、「このとおりやれば、塾にも行かず、自分でできるよ」というやり方を無料で公開しているのです。

ただ、受験勉強をしていると、やっぱりサボりたくなるときがあります。私たちは、こうした「自分だけでは進められない」受験生（それが大多数を占めるのですが……）を助けたいと、心から思っているのです。

そもそも自分で勉強することができないから、予備校へ行こうと思うのです。「自分でできない＝勉強がわからない」からではありません。単に「やり方」がわからないだけなのです。

「何から始めればいいのか」「どうやって覚えればいいのか」といった、最も根本的なことがわからないからやる気が出ないし、サボりたくなってしまうのです。

それでは、何から始めればいいのか、どうやって覚えればいいのか。

答えはもちろん、生徒1人1人のレベルによって変わってきます。けれど、それを判断するのは実はとってても簡単で、ちょっと話せばわかってしまうのです。

たとえば、生徒が持っていた単語帳から1章ごとに、

「この章に出てくる単語、8割以上わかる？」

と、聞いてみる。最初から順に聞いていくと、全然わからない、頑張って答えてもハズレばかり、というところが出てきます。「口答だけでは怪しいな」と思ったら実際にテストをして判断する。

そう、「わからないところを一緒に見つけて、そこからやり直す」のが正解なのです。

ただ、偏差値が70ぐらいある生徒の場合は、この判断が少し難しい。

ある程度知識が揃っているのに、ところどころ虫食いのように忘れていたり、理解が足りなかったりするのです。この場合は、どこが足りないのかを探す作戦会議が必要になってきます。

けれど、武田塾に駆け込んでくる受験生に、偏差値70の人はまずいません。

基本ルートにのっとり、「英単語の覚え方」を例に暗記方法を指導して、毎日の勉強の進み具合を「連絡帳」に書いてもらいます。

そうしてペース配分を確認し、覚えたかどうか後日確認のテストをする。たとえるなら

ば、マラソンの選手とコーチのような関係でしょうか。

つまり、武田塾は、あくまでもサポート役。

私たちが生徒を受からせるのではなく、頑張って合格するのは本人の力に他ならない。

塾や先生が果たせる役割はかけ算でしかなく、本人の努力がゼロのままなら何も増えないということを強く意識しているのです。

全体を見通す

サポートに徹しているのは、武田塾が他の予備校と最も異なる点だと思います。

そもそも授業をしないのも、勉強の内容は参考書で覚えてもらうほうが速いため。

もちろん、わからないところには先生たちが答えますが、「受験生の不安を解消する」ということに重きを置いています。

「勉強の仕方がわからない」

「どこがわからないかもわからない」

「サボってしまいそうで心配だ」

という、前述したような不安は初期に解消できるものですが、受験生に常につきまとうのが、

「自分は全受験生の中で、どのあたりの位置にいるのだろう？」

「どれだけ勉強すれば間に合うのだろう？」

という疑問。

一般的な予備校では、こうしたメンタル面でのサポートはほとんど期待できません。

「皆、不安なのは一緒なんだよ。頑張れよ」

と、肩をたたいてもらえるくらいでしょうか。

その言葉を信じて、藁《わら》にもすがる思いで勉強していっても、受験直前になって「このペースでは間に合わない」と判明する。

その時点で、やむなく志望校のレベルを下げるか、浪人する覚悟を決めるケースが非常に多いのです。

志望校のレベルを下げた場合、しなくてもいい勉強に時間を費やしたことになるでしょう。また、せっかく予備校に通って勉強していたのに、1年では足りず、浪人しなければならない場合もある。

それなのに、予備校は反省もせず、何喰わぬ顔で授業料を徴収し、「全額返金」をうたっていても、返すこともしない。

そんなことが許されていいのでしょうか。

私は、受験生の努力は必ず報われるべきだと考えています。

そのために、スタートからゴールまで、受験の全貌を常に俯瞰《ふかん》で見るような感覚をもっています。

生徒たちには最初から志望大学を決めてもらい、現時点での学力や勉強のペースから、合格までの基本ルートを逆算。その勉強内容を月、週、さらには日割りにしていって、できる限りルートに沿って進めるようにサポートをしていくのです。

その日に自分が、何をどこまでやればいいのか。

目標に向かって、何をすればいいのかわかっていれば、そして早い段階で参考書を1冊完璧にするなどの達成感を味わえば、〈できない生徒〉も必ず自主的に勉強をするようになります。

そうして「その日の勉強をこなした」「その週の内容を完璧にした」「参考書が1冊終わった」と小さな成功体験を重ねていくことで、確実に生徒たちには自信がついていきます。

実は生徒たちが一番欲しいものが、この「自信」ではないでしょうか。

しかし本当の自信とは、予備校に頼るといった〝受け身の気持ち〟では生まれません。

自分の頭を使って問題を解いていくうちに、少しずつ湧き出てくるものなのです。

自信によって、徐々に変わっていく生徒を私はこの目で見てきました。

たかが受験、されど受験。

受験が人生にとって、どれほど大きな意味を成すものなのか、次の章でお話ししていきましょう。

第4章

〈できない生徒〉からの大逆転！

手探りのスタート

2006年3月に誕生した武田塾。1期生は、わずか14人しか集まりませんでした。前述したとおり、塾設立の布石として行っていたインターネットの受験相談は好評で、満を持しての開校でしたが、しょせんは実績のない新設塾。しかも提唱する勉強法が、従来の予備校の勉強法と真っ向から対立するうえに、塾長である私自身がまだ大学生です。

これでは、「信用しろ」というほうが難しいかもしれません。

そんな条件にもかかわらず、武田塾に入塾してくれた1期生たちには心から感謝しています。

彼らは早稲田、慶應、MARCH、医学部などへの逆転合格を実現し、みごとに武田塾の〈正しい勉強法〉の効果を実証してくれました。

言ってみれば、世間の常識に惑わされず、〝本物〟を嗅ぎわけ、一か八かの賭けに勝った精鋭たちです。

そんな1期生を思い出すとき、真っ先に私の頭に浮かぶ人がいます。

慶應大学合格率、最低クラスの「E判定」から逆転合格した、渡邊智也くん。

「もし、慶應に入れたらカッコいいなぁ……」

彼は漠然とそう考えながら、多くの受験生と同様「右にならえ」で大手予備校に通っていました。当然、成績が上がるはずもなく、高校3年生の冬の模試は「慶應大学　E判定」。

この期《ご》に及んで焦り始めた彼がしたことは、勉強でもなく、志望校を下げるでもなく、インターネットで「直前でも間に合う勉強法」を探すことでした。そこで出会ったのが、武田塾の前身である「武田の受験相談所」だったのです。

「ノートを取る時間があるなら、参考書で問題を解け！」

「わかる⇒やってみる⇒できる＝〈学習の三段階〉は無敵だ！」

私が提唱している〈正しい勉強法〉を初めて知ったとき、彼は「ずいぶん極端なことを言う人だな～」と思ったそうです。

しかし、私自身がその勉強法で合格したこと、しかも勉強期間が実質3カ月間だったことに興味をもった彼は、「武田の受験相談所」にこのような相談メールをくれました。

「慶應大学志望ですが、冬の模試もE判定でした。どうしたらいいでしょう？」

実は、このメールが届いたのはセンター試験の数日前。そこからE判定を覆すのは、いかに武田塾でも不可能です。「もう少し早く連絡をくれていたら……」と思いつつ、慶應大学の過去の試験問題の添削と「まずは単語、熟語、文法から」といった勉強法の基本をアドバイスするぐらいしかできませんでした。

けれども、渡邊くんの返信はとても前向きでした。

「単語や熟語を徹底的に暗記するほうが、辞書で調べる手間が少なくなるんですね！」

「これまでのやり方は効率が悪すぎますよね。ここから頑張ります！」

彼からの返信メールを読んで、私はさらに残念な思いにとらわれました。素直で前向き、そういう生徒は伸びる。「渡邊くんは勉強方法を知らないだけだ」と直感した私は、

「来年に向けて、直接指導してあげたいなあ」

と思ったのです。

そのとき、すでに春から武田塾をスタートさせることが決まっていました。

「〈できない生徒〉は、頭が悪いのではない。単に、勉強の仕方がわからないだけ。武田塾の〈正しい勉強法〉を教えたら、皆、絶対に伸びるはず。〈できない生徒〉というレッテルから1人でも多く解放してあげたい！」

そんな思いが日々募っていくのを感じていました。

ところが、蓋を開けてみると、入塾希望者はほんの数名。現実の厳しさに私もスタッフ

も落ち込んでいましたが、そんな空気を1人の生徒が変えてくれたのです。

「あのー、〝武田塾〟って、ここでいいんですか?」

新しい教室のドアからおずおずと顔をのぞかせ、彼は小さな声で言いました。

「入りたいんですけど……」

「ありがとうございます！　どうぞこちらに！」

入塾用の書類に記入していく彼に、武田塾をどこで知ったのかを尋ねてみました。

彼はちらと私に目を向けると、またうつむいて、

「ネットの『武田の受験相談所』のファンだったんで……」

と答えました。

「ありがとう！　ネットはいつからチェックしてくれてたの?」

「実はそれが、わりと最近で……。センター試験の直前に『E判定だけど慶應を受けたい』って、無茶な相談をしたんです」

「ああ、あのときの君かあ！」

私は嬉しくなりました。当然ながら、といっては失礼ですが、この年、憧れの慶應大学に不合格となった彼は浪人を決意。最初は大手の予備校に入るつもりだったといいます。

高いハードルを自力で越える

しかし、インターネットで予備校情報を調べていたとき、久しぶりに「武田の受験相談所」を訪れると、「塾を開校します！」という告知が載っていた。それを見た彼は、

「あの武田が塾をやるなら、賭けてみたい！」

そう思ったのだそうです。

私としては、センター試験直前の渡邊くんに、当たり前のアドバイスしかできなかったことを申し訳なく思っていたので、彼が武田塾を選んでくれたことは少し意外でした。

当然ながらご両親には、

「できたばかりの塾なんて信用できない、大手の予備校に行きなさい！」

と、猛反対されたそうです。けれども、彼はこんな言葉で両親を説得しました。

「直前だったけど、武田塾の勉強方法を知って、それまでとは違う手応えを感じた。あんな勉強方法を教えてもらったのは初めてだった。武田塾じゃないと、僕はダメなんだ！」

彼の気持ちに応えたい。そう思った瞬間、私も教育者としてのスタートを切ったのです。

入塾時点での、彼の偏差値は50前後。慶應大学を目指すには、ほど遠いレベルでした。

しかし、渡邊くんの勉強ペースは順調で、4月中に英語と国語の主要暗記が終了しました。英語は『システム英単語』『速読英熟語』、文法の問題集『Next Stage』『Forest』。国語では『入試現代文へのアクセス』『現代文読解力の開発講座』『中堅私大古文演習』といった基本をざっと7冊ほど。このスピードと集中力には私も驚きました。

でも、なぜだか世界史だけが覚えられない。何度も復習と確認テストをしているのに、なかなか記憶が定着しないのです。6月下旬の時点で進捗度は半分。この事態に危機感を覚えた私は、彼にちょっと強烈な課題を出すことにしました。

「渡邊くん、来週は他の教科はやらないで世界史だけやろうか」

「えっ、世界史だけ？」

「うん。この参考書、来週1週間で全部覚えてきてね！」

その参考書というのが、近代の始まりから19世紀までが載っている『ナビゲーター世界史B第3巻』。重大事件も重要人物も盛りだくさんで、世界史の参考書の中で、最も分厚いものになります。比較的薄い第1巻、第2巻でさえ1カ月ずつかかっていたことを考えると、我ながら無謀だなと思いました。

ただ、渡邊くんの場合は「世界史が苦手」という気持ちが生まれていた。英語も国語もスムーズに完璧にできたのに、世界史だけできないというのは、彼の能力に問題があるのではなく、単に気持ちの問題と考えたのです。

その意識を変えるために、あえて厳しい状況に追い込む。実際には全部覚えられなくても、意識を切り替えられればいいと思っていました。ところが、

「塾長！　覚えられました!!」

1週間後、渡邊くんは『ナビゲーター世界史B第3巻』をまるまる覚えてきたのです。

「世界史漬けの1週間、キツかったです」

と言いながらも、彼からは世界史への苦手意識が消えていた。一見不可能だと思えるハードルを自力で越えられたことで、彼は自信を手にしたのです。

世界史の遅れを一挙に挽回し、渡邊くんの受験勉強は波に乗るかと思われました。

しかし、ひと筋縄ではいかないのが受験。夏からは、また新たな問題が出てきたのです。

●「言葉の引き出し」を増やす

私は生徒と顔を合わせると、なんでもいいので雑談を交わすようにしていました。あえて勉強以外の話をすると、生徒の個性や変化、悩みがわかる。手探りではありますが、私自身も塾長としての学びの日々でした。

そんな中で気づいたのが、渡邊くんの受け答えがあっさりしすぎていること。彼自身は真面目で、人の話をよく聞く生徒なのですが、

「へえ、そうなんですか」

「僕もそう思います」

といった感じで、会話が長く続かないのです。もちろん、「渡邊くんはどう思う？」と聞けば、答えてくれるのですが……。

こういうタイプは小論文で苦労します。自分の感情をバリエーション豊かに表現することが苦手なので、文章に〝自分らしさ〟が足りなくなってしまうのです。

実際に小論文の練習を始めると、渡邊くんの文章には個性が感じられませんでした。論点を掘り下げて展開しようにも、参考書から写したような言葉が並んでしまうのです。

「渡邊くんには、言葉の引き出しを増やす必要があるな」

そう考えた私は、彼を自習室で見かけると、

と、声をかけるようにしました。自発的に話を展開する練習になればと思ったのです。多いときには1日に何回も話しかけていたので、渡邊くんは「塾長しつこい！」と思っていたかもしれません。

「何か質問ある？」

最初は話すことがなく、口ごもっていた彼ですが、しつこく繰り返すうち、彼から発せられる言葉が徐々に増えてきました。

「このニュースについて、僕はこう思うんですけど、塾長はどう思いますか？」

「夜中に勉強していてお腹が空いたとき、何を食べたらいいと思いますか？　昨日、ラーメン食べたら胃もたれしちゃったんですよね」

私から毎日話しかけられるので、自然と、

「明日、塾長に話しかけられたら、何を話そう」

「これはネタになるな」

などと、周辺のことに対する視点が変わっていったのだそうです。

その甲斐あって、私たちの会話も弾むようになりました。そして、受験直前の冬に入る頃には、小論文でも彼らしい表現が見えるようになりました。

小論文以外の教科の仕上がりは順調で、かつて苦手だった世界史は一番の得意科目。

「渡邊くんはきっと大丈夫だ、今年は慶應に受かるぞ！」

私はそう確信していました。

受験最大の敵

しかし、2月中旬。慶應大学三田キャンパスで入試を受けた後、武田塾に寄ってくれた渡邊くんは、今にも泣きそうな顔をしていました。

「塾長、僕、ダメかもしれません……」

「渡邊くん、落ち着いて。最初に受けた明治学院大学は受かったんだよね？」

「はい。でも慶應は受からないかも……。1週間前からひどい風邪を引いてしまって、今日の商学部も、3日前の文学部も、最悪の体調で受けたんです」

なんということでしょう。真冬に行われる日本の大学受験。その最大の敵といえる風邪に、彼は打ち負かされてしまっていたのです。

受験直前の期間はとにかく体調管理が大事です。

「風邪を引かないよう手洗いうがいをきちんとする」「試験前日に生ものは食べない」など、武田塾でも細かな注意をことあるごとにしているのですが、渡邊くんのように、わかっていても体調を崩してしまう人、というのも必ず出てくるものです。「自分は大丈夫」などとは決して思わず、本気で気をつけなければいけないと思います。

また、都心の朝の電車はよく遅れます。「試験開始時間に間に合わない」と焦り、会場までの道を間違えてさらに焦り、何とか、試験会場に着いても1科目めは集中できなかった……という話もよく聞きます。

「受験間近になったら、無理なラストスパートはやめ、体調管理に努めること」

「試験当日は時間に余裕をもって家を出る、できれば会場の下見をしておくこと」

これらは、合格を手にするために、とても大事なことです。

話を渡邊くんに戻します。

明治学院大学、明治大学、中央大学、慶應大学、早稲田大学。5大学11学部を受験した渡邊くんのスケジュールはかなりハードなものでした。しかも最初から3日連続で試験があり、極度の緊張と疲労から高熱を出してしまったのです。

ところが、渡邊くんの受験結果は、7勝4敗。第一志望の慶應大学も、最悪の体調で臨んだ文学部と商学部に、ダブルで合格していたことがわかりました。

100％の備えをしても、まさかの落とし穴があるのが受験。渡邊くんは1年間、これ以上はない努力をして、120％の力を蓄積していました。それがこの結果に結びついたのでしょう。半泣きで「ダメかもしれない」と言っていたことは、今はもう笑い話です。

「慶應大仏」誕生！

慶應大学文学部へ進学した渡邊くんは、「受験生の力になりたい」と、武田塾で講師のアルバイトを始めてくれました。そして、講師の仕事に慣れた頃、彼は私にある提案を持ちかけてきたのです。

「塾長の話、すごくおもしろいですよね。動画のコンテンツにしませんか？」

それまでも2ちゃんねるやブログなど、インターネットで生徒たちとつながってきた武田塾でしたが、動画は未開拓。しかし、渡邊くんは動画のニーズが高まっていると感じていました。

「YouTubeのほうが欲しい情報に早くヒットするし、『文章を読むのが面倒』と言って動画で検索する友達も多いんです。それに、ちょっと調べてみたら素人でもインターネットの生放送ができるんですよ」

彼から出る言葉は私にとっては新鮮なものばかりでした。年齢的には3歳ほどしか変わらないのに、「俺もすでにオッサンか？」と思わずにはいられませんでした。

「武田塾の生放送？　参考書について語ったりするわけ？」

「そうです。武田塾のホームページでも紹介しているけど、情報量が多くて読むのが大変じゃないですか？　それを動画でやるんです」

私も何だかワクワクしてきました。

「うん、おもしろいかもしれないね。他の予備校ではやってなさそうだし」

「そうなんです。武田塾が最初にやりましょう！」

そして、私が「1人では話しづらい」ということで、言いだしっぺの渡邊くんに一緒に出演してもらうことになりました。

撮影当日、彼が用意してきたのがなんと大仏のかぶりもの。

「顔を出すのは恥ずかしいので。『慶應大仏』ってキャラクターで出てもいいですか？」

彼にとっては苦肉の策だったと思うのですが、結果的にはこれが大成功。「慶應大仏」

はそのインパクトもさることながら、幅広い知識と実体験に基づいたアドバイスで、今や武田塾の動画になくてはならない人気キャラクターとなりました。

動画でのいきいきした「慶應大仏」を見ている人は、彼がかつて「受け答えがあっさりしていた生徒」とは夢にも思わないことでしょう。

現在27歳になった彼は、今も講師として武田塾の力になってくれています。

そして、武田塾の動画の中で、渡邊くんと私が参考書について語る「参考書院」というものがあります。

その中で最もレビュー数が多いのが、彼の思い出の参考書『ナビゲーター世界史B第3巻』の回。渡邊くんがどこまでも熱く『ナビゲーター世界史B第3巻』の素晴らしさを伝えていますので、世界史に行き詰まっている受験生にはぜひ見てもらいたいと思います。

大手予備校と武田塾を掛け持ち？

渡邊くんが合格した年の5月に入塾したのが、福島県出身の松永武士くんでした。

彼は進学校ではない地元の公立高校出身。福島では東京の難関大受験情報が少ないというハンデもありながら、現役時に自学自習で日本大学に合格しました。しかし本命だった慶應大学への憧れが捨てられず、松永くんは再受験を決意します。

初めて武田塾へ相談に来たとき、松永くんはこう聞いてきました。

「他の予備校と、掛け持ちで通ってもいいですか？」

松永くんは上京してきた4月から、某大手予備校の「早慶トップレベルコース」を受講していました。しかし、偏差値45程度だった当時の彼には難しすぎた。

途方に暮れていたとき、彼の目に飛び込んできたのが、

「大手予備校の集団授業には限界があります」

と書かれた武田塾の看板。さらに後日、インターネットで武田塾のサイトを見つけ、

「ここなら基礎からやり直せるかもしれない……」と、期待をもってくれたといいます。

ただ、親にお金を借りて予備校代を払ったので、通わないと悪いという気持ちもあり、松永くんは武田塾と大手予備校の両方に通うことになりました。

彼は元々、自学自習で日大に合格した生徒だったので、武田塾の勉強法にはすぐになじんでいきました。前述した基本の参考書を終え、英語は『ポレポレ英文読解　プロセス50』や『やっておきたい英語長文700』。国語は『入試精選問題集』や『現代文と格闘

する』、日本史は『実力をつける日本史100題』『眠れぬ夜の土屋の日本史』、小論文は『読むだけ小論文』など、次々に完璧にしていきました。

8月の終わりには、大手予備校の授業にもついていけるようになったのですが、「授業より、自学自習のほうが断然、効率がいいです」と、武田塾一本になっていました。それにより、彼の成績がどうなったかというと……。

そうです、順調に上がり続けたのです。偏差値45だった彼が、10月には明治大学の過去問で合格点に到達。2年越しの慶應大学合格も夢ではなくなってきました。

しかし、ここでまさかの大事件が起きてしまったのです。

思いがけない落とし穴

武田塾開校2年目となるこの年は、1期生が素晴らしい実績を残してくれたこともあり、順調に生徒が増えていました。女子生徒も何名か入ってきたため、塾内が非常に華やかに、活気づいたものになっていたのです。

そして、実は松永くんは俳優の松山ケンイチ似のイケメンでした。その外見と、福島出

身の朴訥《ぼくとつ》とした話し方、優しいキャラも相まって、女子生徒が、

「松永くんて、カッコいいよね」

と話しているのを、私もたびたび耳にするようになりました。

もちろん、それはそれでいいことです。同じ塾の中に気になる人がいれば、塾に来る張り合いも違うというもの。だから私も、ただ単に「若いっていいなあ」と、微笑ましく思っていました。

けれども、受験へ向けてのラストスパートともいえる12月中旬から、松永くんの様子が怪しくなってきました。声をかけてもぼんやりとしているし、何よりも勉強のペースがガクンと落ちてしまった。

最初は「風邪でも引いたかな？」と思っていましたが、ペースは一向に戻らず、年末を迎える頃には、以前、完璧に覚えたはずの箇所までも忘れてしまっていたのです。

「これは確実に、プライベートで何かあったな……」

と思った私は、彼に直接聞くことにしました。

「松永くん、最近、調子悪いよね？　何かあったの？」

「えっ、いや、特に……」

最初は隠そうとしていた松永くんですが、意を決したように「彼女ができた」と告白してくれました。その彼女とは、以前「松永くんて、カッコいいよね」と言っていた女子生徒でした。お互い初めて会った頃から意識し合っていたそうですが、彼女から告白されて、付き合うことになったといいます。

「最初はファミレスで一緒に勉強していたんですけど、彼女も一人暮らしだから、どちらかの家でやろうかって。それで僕の家に来てもらったら『帰りたくないな』って……」

なんと、2人は浪人生同士で同棲を始めてしまっていたのです。

ラストスパートするはずの年末、この大事な時期に何を考えているのでしょうか。若い2人がひとつ屋根の下、「一緒に勉強」なんて、できるわけがありません。

とはいえ、彼女のほうはペースを乱すことなく、仕上がり具合もすこぶる順調でした。私はため息をつきながら「やっぱりな……」と、うなだれました。

生徒同士の恋愛は、そうめずらしいことではありません。私自身が浪人生だったときも、大手予備校でアルバイトをしていたときも、浪人生同士のカップルをたくさん見てきました。

そこで私が得ていた結論は、

「恋愛しても、女子は大丈夫。ペースを乱し、自滅するのは男子だけ」

ということでした。

そのため男子生徒たちにはあらかじめ、

「好きな子ができても、大学受験が終わるまでは恋愛禁止！」

と、常に釘を刺していたつもりだったのですが……。

出戻りの逆襲

案の定、大事な時期の失速が原因で、松永くんはこの年も慶應大学合格を勝ち取ることができませんでした。2浪決定です。

ちなみに付き合っていた彼女は志望大学にみごと合格。気まずさもあってか、春が訪れる前に松永くんのもとを去っていきました。

私自身、彼の報告を聞くのは非常につらかった。けれども、全てを失った彼を何とか力づけたくて、必死に言葉をかけました。

「そうか、残念だったね……。でも、松永くんは本来なら、慶應の合格が十分狙えていたはずだよ。もう1年勉強すれば、今度は絶対に大丈夫！」

しかし、電話の向こうの彼は、しばらく黙ったままでした。

そしてようやく出た言葉が、

「だけど僕、塾長や先生たちに、とても顔向けできません……」

松永くんの思いは、私にも痛いほど伝わってきました。けれど、そんなふうに繊細な彼だからこそ、近くでサポートしてあげないと、また道に迷うかもしれない。

「とにかく一度、塾に顔を出してよ」

と、念を押して電話を切ったのですが、しばらく彼からの連絡はありませんでした。


「塾長、お久しぶりです。松永です」

1カ月後、松永くんがようやく武田塾に顔を出してくれました。笑顔は見せるものの、以前より痩せてしまっているのが気になりました。

松永くんは、以前とは違う予備校に入り、早慶に特化したコースを受講していました。今では早慶レベルの問題も難なく解けるし、春に受けた模試の結果も悪くなかったそうですが、受験に必要ないほどの難問ばかりが出されることに違和感があるというのです。

「難しすぎるから、解説に時間ばかりかかってしまって。結局時間が足りなくなって、『残りは来週解説するから、やってきてね』の繰り返しで、どんどん遅れていくみたいなんです。こんな調子じゃ、来年も受かるかどうか不安になってしまって……」

「松永くんは、武田塾での勉強法がすっかり身についているから、集団授業のペースに疑問を感じるのは当然だよ。うちに戻ってくればいいのに」

私の言葉に松永くんは寂しげな笑顔を見せました。

「わかってます。参考書での自学自習が一番です。でも先生たちの期待を裏切っちゃって、やっぱりここには戻りづらいんです」

「そうか……。でも、自分のペースさえ崩さなければ、絶対、大丈夫だから。こまめに近況報告してくれよな。心配だからさ」

「塾長と話ができてよかったです」

そんな言葉を残して、彼は帰っていきました。

それ以降、松永くんはたびたび電話をくれたり、武田塾にこっそり顔を出したりして、勉強のペースや模試の結果を教えてくれるようになりました。

けれども、秋が近づく頃には、1人で勉強するのが不安になってきたようで、

「この進め方で間違っていませんか?」

「最近、なんだかやる気が出ないんです。サボってしまいそうで怖いんです」

という相談が増えてきました。

松永くんの気持ちもよくわかるし、これからの追い込みは本当に大切。そう思った瞬間、ついこの言葉が出ていました。

「松永くん、やっぱり武田塾に戻っておいでよ」

9月、松永くんは再び武田塾の塾生となりました。そして、周りの生徒が危機感を覚えるくらい、怒濤《どとう》の快進撃を見せたのです。

参考書の暗記は完璧、年末の慶應プレ模試では、全国3位を獲得しました。

これには本人も驚いていましたが、私にしてみれば当然の結果です。1年前に仕上がっていたはずの彼が、もう1年かけて勉強の精度をさらに高めたわけですから。

武田塾で2年勉強すれば、全国3位にだってなれる。つまり、高2から始めれば、現役で超難関大学に合格できる……ということを、図らずも出戻りの彼が証明してくれたのです。

ちなみに、彼が完璧にした参考書は40冊を超え、中でも一番やり込んだ『ポレポレ英文

読解　プロセス50』は、全ての文章を完璧に訳せるまでになっていました。

盤石の態勢で3度目の受験に臨んだ松永くんは、念願叶って慶應大学総合政策学部に合格。入学後はインターン生として武田塾で活躍することになるのですが、彼のその後については、第5章でお話ししたいと思います。

武田塾＝逆転合格

武田塾が「逆転合格が多い塾」と認識され始めたのは、設立3年目の頃からです。

生徒集めに苦労した時期が信じられないほど入塾希望者が増えてきて嬉しい反面、かなり偏差値の低い生徒たちも駆け込んでくるようになっていました。

そんな折、武田塾へやってきたのが山火武くん。時期は2月、受験シーズン真っ盛りでした。

「山火くんは、4月から高校3年生かな?」

「いえ、今3年生です」

「えっ。じゃあ、今まさに入試中?」

「はい。明日も明治大学の入試があります」

このときばかりは、一瞬思考が停止しました。でも、「何かアドバイスしなくては……」と、必死で言葉を探していると、彼は続けてこう言いました。

「今年はもう諦めています。出願した試験は受けるけど、多分全部落ちると思います」

ネガティブな発言とは裏腹の、清々しいまでにあっけらかんとした表情に、私はやっとの思いで聞き返しました。

「浪人を覚悟しているってこと？」

「はい。だから、今から来年の準備を始めようと思って相談に来たんです。偏差値37なんですけど、来年早稲田に行けますか？」

「偏差値37からの早稲田」、これはかなりインパクトの強い相談でした。

山火くんは現役時、早稲田大学を目指して大手予備校に通ったものの、授業が全く理解できなかったといいます。偏差値37では当然ですが、武田塾に来れば、こんなことにはならなかったでしょう。

センター試験の結果が惨憺《さんたん》たるものだった山火くんは、焦っていろいろな受験サイトを調べるうちに、武田塾のブログと出会ったといいます。そこで彼が見た記事は「こんな間違った勉強をしていないか？」というもの。その全てが、まさに彼がやってきたことだったそうです。

「生まれて初めて、自分が間違った勉強をしていたことに気づいたんです。今は単語もろくに覚えていませんが、ここから本気でやれば、自分を変えられる気がするんです」

「山火くんは、自分を変えたいと思っているの？」

「はい。実は早稲田志望というのも〝早大生〟というブランドが自信をくれるような気がするからなんです。こんなの変でしょうか？」

目の前の山火くんは冷静に自己分析できる、穏やかな好青年。コンプレックスを抱えているようにはとても見えませんでした。けれども彼は長い間、「自分には何も誇れることがない」と思ってきたそうです。

友達をつくるのも苦手。女の子ともうまく話せない。予備校で全く成績が伸びなかったことも拍車をかけて、すっかり「自分はダメだ」と思い込んでしまっていたのです。

山火くんは、自分としっかり向き合えている。「今年の受験を諦めて、今から来年の準備をしよう」と考えられる切り替えの速さも、私は素直に「すごい」と思いました。

「山火くん、君はダメなんかじゃないよ。問題は勉強のやり方だけだ」

「そうでしょうか？」

「宿題を出すから、とりあえず1週間試してみてよ。きっと違う世界が見えるよ」

その内容は、『システム英単語』から英単語を1500個、文法問題集の『Next Stage』を10章まで完璧にしてくること。

かなりハードな宿題でしたが、私は「彼は投げ出すことはない」と確信していました。

「自分を変えたい」と強く思っているところへ、「これをやれば変われるよ」と具体的に方向を示したのですから、日頃の何倍もの集中力を発揮すると考えたのです。

そして約束の1週間後、山火くんは明るい表情で塾へやってきました。思ったとおり、彼は宿題をほぼ完璧にしてきたのです。しかも正解率は9割以上！

この結果は嬉しい誤算で、私は彼の肩をばんばんたたいて喜んでしまいました。

「すごいよ、山火くん！　1週間でこれだけ覚えられるなら、早稲田も狙えるよ！」

「武田塾の勉強法なら結果を出せる」と知った山火くんは、その日から塾生となりました。

しかし実は、彼の家は茨城県。御茶ノ水の校舎までは片道2時間かかるといいます。

「遠くからでも通いたい」という気持ちは嬉しい。けれど、何かのきっかけで挫折してしまわないか……。

そう心配した私は、彼の担任に早稲田大学大学院生の女性講師、梅宮先生を選びました。

彼女なら、早大の受験対策も万全。しかも美人ときています。当然、生徒の間でも大人気だったので、山火くんもモチベーションを保てるだろうと予想したのです。

その予想は大当たりで、山火くんは、すぐに梅宮先生のファンになったといいます。

「梅宮先生に喜んでもらえるように、頑張ります！」

と、彼がたびたび言っているのを聞き、「俺も喜ばせてほしいなあ」と、心中苦笑しながらも、「作戦成功！」と思っていました。

春から夏にかけて、山火くんは梅宮先生の指導でどんどん実力をつけていきました。

『システム英単語』『速読英熟語』を完璧にし、さらにその上のレベルの『英文解釈入門基本はここだ！』『やっておきたい英語長文300』『ナビゲーター世界史B』『ビジュアル世界史問題集』『ステップアップノート30　古典文法基礎ドリル』など、早稲田を目指すうえで土台となる参考書を次々と完璧にしていったのです。そうして彼は、夏の模試で、

「偏差値が58まで伸びたんです！」

と、興奮ぎみに報告してくれました。入塾してから3カ月で、偏差値が21も上がったのは私自身も驚きのハイペースでした。

しかし、早稲田や慶應などトップクラスの大学を目指すには、まだまだ足りません。しかも、ここから先のライバル層には、有名進学校の優秀な生徒たちが大渋滞をつくっているのです。

山火くんは、秋の模試で偏差値62に達しましたが、それでも早稲田の合格率は最低クラスのE判定。このショックからか、彼はスランプに陥ってしまいました。

そんなある日、担任の梅宮先生が「塾長」と、思いつめたように話しかけてきました。

「山火くんに早稲田の過去問を解いてもらっていたのですが、途中でやめちゃったんです」

「え？　どうして？」

「それが、『集中力が切れてしまって、もうできない』と……。今日のところは、家に帰したほうがいいでしょうか？」

片道2時間、往復4時間かけて、武田塾にやってくる山火くん。それだけの時間に見合う、充実した時間を塾で過ごさせてあげたい。講師の誰もが思っているだけに、苦渋の決断でしたが、その日は宿題を出して、山火くんを帰宅させることにしました。

山火くんを見送ると、担任の梅宮先生、教務主任の中森先生と、誰からともなく、山火くんのモチベーションを取り戻すための作戦会議が始まりました。さまざまな策を出し合い、長時間話し合って、行き着いたのが「思い切って担任を替える」という結論。

優しい梅宮先生に代わって選ばれたのは、当時の武田塾で〝最も熱い男〟と呼ばれていた森先生でした。

●荒療治

森先生も、梅宮先生と同じく早稲田大学の学生です。彼は根っからの体育会系にして、頭脳もすこぶる優秀で、筆記試験トップの成績で某テレビ局への就職が決まっていました。声が大きく、ズバズバと物を言うタイプで、梅宮先生の指導とは真逆もいいところです。

「当の山火くんはどう思うかな？」

と、少し気がかりでしたが、彼は「担任を替えて、あえて厳しい状況をつくる」という私たちの意図をすぐに察してくれました。

「この間は、過去問を途中でやめてしまってすみません。帰りの電車の中で、ずっと後悔していました……」

「うん、でも誰にもスランプはあるからね。それはもう気にしないで」

「僕、梅宮先生が優しいからって、甘えていたんですよね……。自分でもこのままじゃダメだと思っていたので、心を入れ替えて頑張ります！」

3年間武田塾を経営してきて、途中で担任を替えたのは山火くんが初めてです。武田塾はあくまでもサポート役という意識でいるので、基本は最後まで同じ先生に見てもらうようにしていますが、山火くんの場合は環境を変えたことがカンフル剤となりました。

「やり直すきっかけをもらったことで、入塾した頃の〝自分を変えたい〟っていう気持ちを思い出せました」

そう話す山火くんは、ひと回りたくましく見えました。

森先生がミーティングのたび、

「山火くん、見かけによらず骨がありますよ！」

と褒めているのを、梅宮先生が嬉しそうに聞いていたことは今も印象に残っています。

そうして迎えた翌春、彼は早稲田大学教育学部、人間科学部にみごと合格したのです。周りで響く万歳三唱に負けないよう、大きな声で、

「受かりました！」

と、電話をくれた山火くん。

「塾長や先生方がいつも『早稲田志望の受験生の中で、今はこのあたり』と現在地点を教えてくれたから、心が折れずに頑張れました。本当にありがとうございました！」

いつも穏やかな印象の山火くんでしたが、あのときの興奮したような涙声は今も忘れることができません。

偏差値37からの逆転劇。単純計算で彼は50万人のライバルを追い抜いたことになりました。そんな「伝説の生徒」として語り継がれている山火くんも、武田塾の講師として働いてくれています。

「かつての自分のような〈できない生徒〉の相談に乗れるのが嬉しい」

その言葉どおり、生徒の相談に乗っている山火くんは、本当にいきいきとしています。

しかし、彼が武田塾へ就職を決めるまでには、実にさまざまな出来事がありました。山

火くんのその後についても、次の章で詳しくお話ししたいと思います。

淡路島から参上！

この章の初めに紹介した渡邊くん。彼の発案で始まった動画配信は、武田塾の〈正しい勉強法〉を全国に広めるきっかけとなりました。

武田塾に通えなくても、動画や生放送でライヴ感ある勉強相談が可能。そんな状況から登場したのが、淡路島在住の高校生、高田史拓くんでした。

「自分、淡路島に住んでいて、武田塾には通えないんです。でも、生放送やブログを見て『これが最強の勉強法だ！』って思ったんです!! 塾生の皆さんに負けないぐらい、たくさん質問したいと思います。よろしくお願いします!!」

そんな熱いコメントとともに、高田くんは高校1年生の夏休みに武田塾の動画サイトデビューを果たしました。

彼はトップの成績で公立中学を卒業し、地元で一番優秀な進学校に進みました。そして、高校入学とともに東進ハイスクールに入塾。神戸大学を目指し、1年生の春から多くの授業を受けていました。

すでにピンと来た方もいますよね？　そう、高田くんの経歴は、高校入学時の私とよく似ていたのです。

しかし、その後が違っていました。高田くんは東進へ入った直後、私が以前出版した『予備校に行っている人は読まないでください』という本を偶然、手に取ります。

そのときは私の経歴が高田くんと似ていること、私が予備校で痛い目にあったことにインパクトを覚えたそうですが、後日たまたま「参考書最強伝説」の動画を見つけ、武田塾の勉強法を知ることになりました。

「授業はいらない」

「参考書だけで自学自習」

常識を覆すような言葉のオンパレードに、早稲田や慶應、医学部への逆転合格者の実績。

高田くんはとりつかれたように、そこから「参考書最強伝説」の過去放送を全てチェック、ブログも最初から全て熟読したといいます。

そして、夜がしらじらと明ける頃、

「すごいよ、これ……。予備校なんて行ってる場合じゃない！　書店とネットと両方で出会ったのも、運命に違いない！」

という心境になっていたといいます。

そうして、冒頭の自己紹介へ至るわけですが、「塾生に負けないぐらい質問します！」の意気込みどおり、彼は生放送には毎回、必ず質問を書き込んでくるようになりました。

他の塾生たちもそれを見ていますから、うるさいくらいに質問してくる高田くんはすっかり有名人になりました。彼にはちょっとミーハーなところがあって「東京の人とネットでつながっている」ということにもワクワクしていたそうですが、私も中森先生も、

「おお、また高田くんか」

と、地方からアクセスしてくれるガッツを頼もしく思っていました。

インターネットで仲間を見つける

高田くんは当初、理系での受験を希望していました。しかし、前述したように、理系で必須の数学は本当にしんどい教科。私は彼に、全力で文系への転向をすすめました。

「悪いこと言わないから、文系で受験したほうが合格しやすいよ」

「でも、挫折して文系に逃げたって思われるのも嫌だし、学校のクラスは理系だから、授業や定期テストは理系科目で受けないといけないし……」

こうして渋る生徒にテキメンの言葉があるのです。私は高田くんにこう言いました。

「高田くん、文系で受験するなら、京大にも行けるかもよ」

「えっ、京大！　僕がですか？」

「まだ1年生だし、文系なら確実に合格ルートを設定できるよ。神戸大学の理系学部より、京大の文系学部のほうが印象いいと思わない？」

ミーハーな高田くんに、志望大学のレベルアップを提案したのは大成功でした。

受験用には文系科目、学校では理系科目を勉強するのは確かに大変そうでしたが、「京大に行きたい！」という気持ちが彼のモチベーションを上げているように見えました。

高田くんが文系へ転向したのが、高校1年生の9月のこと。その頃には、彼は武田塾のブログなどを通じて、「遠方で武田塾には通えない、本当の自学自習」の仲間を見つけていました。

「ネットで受験仲間を見つけるのって、楽しいです！　僕の高校では、他に京大を目指している人がいなくて、勉強の話ができないのに、ネットではたくさん知り合えました」

というコメントを読んだとき、私は、

「インターネットってこんなに進化していたのか、俺が受験した頃は、地方在住者は受験の情報が少なくて苦労していたのに……」

と、驚きました。

高田くんはまだ1年生ということもあるけれど、何だか軽々と楽しそうに勉強をしている。

「これで京大に受かったら、相当カッコいいぞ」

私は顔も見たことのない高田くんに心からエールを送っていました。

やがて高田くんはインターネットの仲間たちと「高1勉強会 on Skype」を立ち上げます。

これは読んで字のごとく、Skypeで各自の勉強を生中継するもので、シンプルな発想ながら「見られているからサボれないし、みんなで時間を計って同じ問題を解いたりもできる」と、たくさんのメリットがあったようです。

続いて高田くんが始めたのが「武田塾の勉強法でどれだけ成績が上がるか？」というコンセプトの「武田塾検証ブログ」。

武田塾の塾生たちには、「今日は何をどれだけやったか?」という勉強の進捗状況を毎日、連絡帳に書いてもらっているのですが、実はこれと同じ効果があるのが、今日どれだけ勉強したかを「ブログに書く」ということ。

文章にすることでその日の勉強を整理でき、スランプになったときには過去ログを見て「あのときはこんなに頑張っていたんだ!」とモチベーションを取り戻せる効果もありました。まさに、いまどきの受験勉強法です。

塾内では、高田くんのうるさいくらいの質問に反感を覚える生徒も出ていましたが、私としては、彼の企画力と実行力に感心するばかりだったのです。

翌年の夏。高校2年となった高田くんは、早稲田と一橋のオープンキャンパスを見学するため上京。彼は初めて武田塾にも顔を出してくれて、教務主任の中森先生と私と、それぞれ個別に面談をしました。

このときの、中森先生からのアドバイスは、

「高2の終盤までに国・数・英、センター試験8割突破が目標。まずは基礎をしっかり固めよう」

というもの。

ところが、私と高田くんの話はいつの間にか彼の恋愛相談になってしまっていたのです。

「実は、好きな子がいるんです」

という彼に、本当は松永くんのケースをふまえて「男子に恋愛は御法度」と言いたかった。けれど、まだ2年生の高田くんには時間がある。少しミーハーな彼には、それなりに高校生活を楽しむことも大切だろうし、私がアドバイスしたところで、大した効果もないだろうとも思いました。

「〝彼女と仲良くなる〟という目標から逆算して、簡単なものから始めるのはどう?」

「逆算、ですか?」

「好きな子にいきなり告白しても引かれるだけだよね? それなら彼女が確実に喜んでくれることで、高田くんにもリスクの少ないことを考えるんだよ」

「この話、何かに似ている……」と思った方、正解です。

目標を設定したら、まずは現状を把握。目標達成までのルートを逆算してハードルの低いものからこなしていく。そう、武田塾の勉強法の応用です。以前、私の友人に話して「効いた!」と言われたことを思い出し、高田くんにも話してみたのですが……。

何と、高田くんにも効いてしまったのです。

「報告があります！　自分、彼女ができました!!」

というメッセージが届いたのは、２学期が始まってしばらく経った頃でした。「そんなつもりじゃなかったのにー！」と思っても、後の祭り……。松永くんと同様の悪夢が再び、やってくることになるのです。

高田くん失踪

彼女ができた秋以降、高田くんの勉強ペースはみるみる落ちていきました。

彼は塾生ではないので、直接は管理できなかったのですが、武田塾の動画やブログに書き込みがなくなったこと、彼自身の「武田塾検証ブログ」の更新が停滞してしまったことが全てを物語っていました。

「やはり、受験生の男子に恋愛をさせてはいけない」

私は今度こそ、この言葉を深く自分の心に刻み付けました。

スランプから抜け出せないまま、高２の終盤を迎えた高田くんは、なんと突然ブログを消去してしまいます。

勉強に向き合えない現状から目をそらしたかったのでしょうが、彼のブログには、ともに勉強を頑張る仲間、とりわけ彼と同じように「地方在住で武田塾には通えないけど、このやり方で受験を突破したい！」という受験生が集まっていた。彼らのデータや思いも全て、高田くんの勝手な思いから消去されてしまったのです。

私や中森先生も心配したし、悲しかったけれど、一番やりきれなかったのは、この仲間たちだったはずです。

「高田くんが人間として成長するためにも、ここは彼を突き放したほうがいい」

そう考えた私はこの〝ブログ投げ出し事件〟以降、彼との接触を断つことにしました。

私たちのTwitterにコメントや質問をしてきても完全に無視。自業自得とはいえ、高田くんは受験仲間を失い、武田塾も失い、一人ぼっちになってしまったのです。

それから半年が経ったある日。「参考書最強伝説」のコメントで、久しぶりに高田くんの名前を見つけました。

「中森先生、これ見て。高田くんだよ！」

無視を決め込んだものの、彼が立ち直れたかどうかはいつも気になっていました。彼が遠い淡路島に住んでいること、塾生じゃないことがどれだけ歯がゆかったか……。

そのコメントには、高田くんの近況と謝罪の言葉がつづられていました。

「塾長、中森先生、ご無沙汰しています。高田です。

以前やっていたブログ、途中で消してしまって申し訳ありませんでした。1人で勉強してみて、誰とも受験の話ができない寂しさや不安を思い知りました。だけど自分が裏切ってしまった仲間たちは、もっとつらい思いをしていたんですよね……。

仲間たちには、何度も謝って許してもらいました。勉強がおろそかになってしまうので、彼女とは別れました。

今回、久しぶりにご連絡したのは、先日の京大実践模試でA判定が取れたからです。1人での勉強が不安で、武田塾に連絡したかったんですけど、『成長した姿を見せないと信じてもらえない』と思って。それで『京大A判定を取るまで連絡しない』と決めていたんです。

武田塾の塾生が10月頃に終える参考書ルートを、自分は7月までに完璧にして、それ以降は京大対策に集中したのが良かったんだと思います。合格に向けて最後まで頑張ります！」

私と中森先生は、それぞれのパソコンで彼のコメントを読んでいました。2人ともこみ上げてくる嬉しさを抑えきれず、自然と笑顔になっていました。

その日、私と中森先生が送った高田くんへの返信には、同じ言葉が書いてありました。

「おかえり、高田くん。待ってたよ！」

再び武田塾の常連となった高田くんは、順調に自学自習を進めていきました。

そうして迎えたセンター試験。彼の合計点は793／900点。京都大学に十分合格できる点数で、センター試験利用で出願していた早稲田大学社会科学部の合格が決まります。

続いて京大の2次試験を経て、3月10日、彼から

「京大に合格しました！」

とのメッセージが届きました。

もちろん、高田くんはやってくれると信じていましたが、彼は淡路島からインターネットだけで武田塾に参加していた生徒。そのため、私には常に「直接勉強を管理してあげられない不安」があったのです。

その不安を、高田くんは努力で跳ね返してくれた。しかも、

「京大入試本番の数学で、9割取れた」

と、報告してくれました。

武田塾の勉強法で参考書を完璧にすれば京大数学で9割が取れる。参考書の無限大の可能性を彼は証明してくれました。

実は彼とは、東京ではなく京都で一緒に働くことになるのですが、それはまた次の章でお話しすることにしましょう。

第5章

逆転合格は、人生の大逆転

●武田塾あるある

武田塾で逆転合格を勝ち取った生徒たちから、よくこんなことを聞きます。

「もう大学生になったのに、武田塾時代のやり方が抜けないんですよ」

厳しい受験戦争を乗り越えたどり着いた難関大学の新入生は、キャンパスライフを謳歌するのが普通です。しかし、武田塾の出身者たちは、すでに将来を見据えているのです。

なぜなら彼らは、自分たちが〈できない生徒〉だったことを自覚しているから。

周りは〈正しい勉強法〉を知らなくても難関大学に合格できた〈できる生徒〉たち。そんな同級生たちと同じ土俵に立てはしたものの、頭のよさではきっとかなわない。

元〈できない生徒〉たちにはそんなコンプレックスがあり、

「ここから、さらに努力をしていかないと落ちこぼれる」

という危機感を拭い去ることができないというのです。

そんな彼らを尻目に、同級生たちは「受験から解放された！」とばかりにリラックスし、ある意味、遊び呆《ほう》けている。

「あれっ？　みんなこの先のことは考えていないのかな？」

元〈できない生徒〉たちは肩すかしを食らったような気持ちの後に、こんな二択が頭に浮かびます。

1 同級生たちと一緒に、大学生活をエンジョイする

2 今から戦略を立てて、有利に社会に出る準備をする

武田塾の出身者なら、間違いなく「2」を選びます。

大学を卒業するまでの4年間、将来の目標を立てて努力、行動していけば……。そう、武田塾で学んだように目標を立て、現状を把握し、逆算のルートをたどっていけば……。

「どんな仕事にだって就けるのではないか……?」

ここまでに至る考え方は、武田塾出身者の間で「武田あるある」と言われています。

大学入学はゴールではなく、新たなスタート。

受験生の頃は「自分はどんな大学に行きたいか?」を考えていたけれど、今度は「自分はどんな大人になりたいか?」を考えることになるのです。

実際に、大学入学直後から、彼らは実にさまざまな活動を始めています。

武田塾でも、社会へ出る前の練習としてインターン制度を導入しているので、その社会体験を基に大企業の面接を突破する人、そのまま武田塾に就職して講師となった人、さらには私のように学生起業家として会社を立ち上げる人も出てきました。

そうして社会に出た彼らが、揃って言うことがあります。

「武田塾の勉強法って、仕事と一緒だったんですね！」

そうなんです。そして、それが私の伝えたいことでもあるのです。

武田塾を広めたい！

第4章の最後に紹介した、京都大学の高田くん。彼はインターネットで武田塾とつながり、地方在住のハンデを超えた生徒でしたが、実は高田くんの1年前にも、同じやり方で京大に合格した生徒がいました。

それが、森田和也くん。彼は「武田塾のサイトを見ながら自宅浪人する」というスタイルで1年間勉強し、京都大学医学部に合格しました。自宅で浪人する「宅浪」にありがちなサボり癖もなく、その日その日の勉強を黙々と積み重ねた彼もまた印象的な生徒で、彼が受験生の頃から「会ってみたいな」と思っていました。

それが叶ったのが、森田くんが京大へ入学して2カ月が経った頃。仕事で京都に行くことなった私は「森田くん、会おうよ！」と、彼に連絡したのです。

「塾長、ここです！」

待ち合わせた京大の正門前で、森田くんは笑顔で手を振ってくれました。彼の顔はSkypeなどを通じて知っていましたが、目の前の彼は医学部生というより、たくましい体育会系。

「姿勢がいいなぁ。筋肉もありそう。何かスポーツしているのかな？」

そう思って聞いてみたところ、彼の高校時代からの趣味はスポーツバイク。しかも、走るコースを研究し、タイムを計って、体づくりにも気をつかうなど、まるでアスリートのような意識の高さで、その趣味を楽しんでいました。

「これだけ自己管理ができれば、なるほど宅浪でも成功するはずだよな……」

内心、感心していると、森田くんが話しかけてきました。

「実は今日、塾長にお願いしたいことがあるんです」

「うん。何かな？」

「京都に、武田塾をつくりませんか？」

「えっ、京都に？」

「はい。僕が自学自習を貫けたのは、武田塾が迷いを消してくれたからです。ただの宅浪でも、予備校に通っても、京大にはきっと受からなかった。だけど、こんなにすごい勉強法なのに、僕の周りの京大生は誰も知らないんです。それがとても残念で……」

意外な申し出でした。確かに森田くんや高田くんのように、地方から自力でつながってくれる生徒も出てきてはいましたが、全国的に、武田塾はまだまだ無名です。

「京都なら、僕が手伝います！　物件も探すし、講師としても働きたいです。それで大学を卒業したら、武田塾を全国に広める仕事がしたいです」

「ちょっと待って、武田塾に就職したいということ？」

「そうです。まだ先の話ですけど、ぜひ！」

武田塾を全国に広めて、〈正しい勉強法〉を知らないばかりに悔しい思いをする受験生を1人でも減らす。このことは、かねてから私の夢でもありました。武田塾から逆転合格していった生徒たちも「武田塾の勉強法は本物！　もっと広く知られてほしい」と言ってくれていましたが、実際に「広める手伝いをしたい」と言ってくれた生徒は初めてでした。

ただ、せっかく京大に入ったのに、就職先が武田塾というのはもったいないのではないか？　外資系のトップ企業にだって入れるだろうし、官僚にもなれるだろう。

「気持ちはありがたく受け取っておくから、森田くんは京大ブランドを活かした自己プロデュースを考えてみようよ」

私がそう提案すると、森田くんはきっぱりと言い切りました。

「僕は大企業に入るよりも官僚になるよりも、武田塾を広めたほうが、絶対に世のため人のためになると思います」

新たな出会い、そして京都校立ち上げへ

京都校立ち上げの話が本格的に決定したのは、私が森田くんに初めて会ってから10カ月後のこと。淡路島の高田くんが、晴れて京大生になった2014年の春でした。

武田塾出身者同士、京大キャンパスでつながった彼らは2人で「武田塾京都校をつくろう！」ということになりました。

「塾長、高田くんもスカウトしました！　京都校をつくりましょう」

「よし、わかった！　来週にでも京都で打ち合わせしよう！」

そのやり取りを機に、森田くんと高田くんは行動を開始しました。ターゲットとなる生

徒が通う高校の分布、そこから割り出した物件候補地、家賃の相場などを調べ上げ、初めての打ち合わせにぶつけてきたのです。

「具体的な指示を出す前に、これだけ調べてきたのか。2人ともやるなぁ！」

「でもこれ、武田塾のやり方で考えたんですよ。まず『京都校をつくる』という目標を立てて、逆算していったんです。そうしたら、調べたいことがはっきりしました」

そう、実は、武田塾の勉強法とは、ビジネスの基本と同じなのです。

目標を立て、現状を把握し、逆算のルートをたどっていくことは、最も効率的な勉強法であり、仕事法でもあります。生徒にもそれを意識してもらいたくて、私は、

「最も効率的に目標を達成するやり方を考えよう。このクセをつけておくと、就職活動や社会人になったときに役立つよ！」

と、武田塾の生放送などでも何度も話しています。

けれども、森田くんと高田くんは、私が起業した頃よりもずっとしっかりしていました。

「もう2人を『俺の生徒』なんて思っちゃいけないな。立派なビジネスパートナーだ」

身の引き締まるような思いとともに、私は京都校の成功を確信していました。

そして、京都校の物件が決まった日、また新たな出会いがありました。

森田くん、高田くんと一緒にレストランでお祝いをしていたときのことです。

「いよいよ京都校がスタートするぞ！」と、盛り上がりながらも、私は1人のウェイターが気になっていました。

「こちらをチラチラ見ているようだけど、何だろう……？」

ふと目が合ったとき、彼は一瞬、目をそらしましたが、何かを決意したのか、そのまま私たちのテーブルへ近づいてきました。そして、

「もしかして、武田塾の林塾長ですか？」

と、話しかけてきたのです。

私は彼の顔を見ながら、記憶を必死にたどりました。しかし、どう考えても初対面。これは素直に聞いてみるしかない。

「はい、武田塾の林ですが……」

「僕、この春から立命館の法学部に通っている中崎といいます。武田塾のサイトを見て、合格できたので、どうしてもお礼を言いたくて……」

ここにもまた、地方在住ながら武田塾のサイトだけで合格した仲間がいたのです。

「えーっ！　すごい偶然!!」

「僕たちも、武田塾の動画やサイトのおかげで合格したんですよ！」

森田くんと高田くんも思わず驚きの声を上げました。

私も、思わず席から立ち上がって、

「えっ、そうなの！　コメントや質問を送ってくれたことは？」

と聞きました。

「いいえ、ただ見ていただけです。でも、武田塾の勉強法は本当にすごかった。初めて武田塾を知ったとき、僕の偏差値は39しかなかったんですよ」

立命館大学法学部といえば、偏差値60超。立命館大学の中でも競争率の高い、人気学部です。偏差値39からの合格は、まさに大逆転。

「うちの高校、進学率がかなり低かったから、先生にもすごく驚かれたんですよ。まさか直接お礼を言えるなんて……。ところで塾長、どうして京都にいるんですか？」

私が一緒にいる森田くん、高田くんと武田塾の京都校をつくることになったと話すと、中崎くんは即座に、

「僕にも手伝わせてください！」

と、私をまっすぐ見つめて言いました。
「僕は、武田塾のおかげで合格できたことを心から感謝しています。京都校で働いて、武田塾に恩返しをしたいんです！」

こうして森田くん、高田くん、中崎くんの3人がタッグを組み、京都校は開校しました。森田くんが「京都に武田塾を！」と言ってくれてから、1年と少し。高田くんと中崎くんが加わってからはほんの数カ月という早い実現には、私も正直、驚いています。

けれども、武田塾に通える環境になかった彼らだからこそ「武田塾の勉強法を広めたい」という気持ちは人一倍強い。

その熱意と行動力は、これからも京都校を強く支えてくれると信じています。

学生ベンチャーで、初年度1000万円！

武田塾では、2009年の9月からインターン制度を始めました。

このインターン制度は、公私ともに交流のあるNEET株式会社・代表取締役会長の若新雄純さんと話していて生まれた構想です。

若新さんも私も社長としては若手ですが、10代、20代の、自分より若い世代と接する機会が多い中で、こんなことを考えていました。

「若新さん、最近の若い子って『お金が欲しい』って言いませんよね」

「それ、僕も思っていました。若い世代からは、お金に困っているという話はほとんど出ない。その代わり〝やりがい〟とか〝内面の成長〟という言葉が増えましたよ」

「ああ、やっぱり。生活に困らなくなって、自分の内面に目を向ける余裕が出たのかもしれませんよね。でも〝やりがい〟って、すごく抽象的じゃないですか？」

「うーん、確かになかなか見つかるものじゃないですよね。だったら、こちらから提供してみるのもおもしろいかもしれませんよね」

「〝やりがい〟を、ですか？」

「インターン制度ですよ。普通の大学生にはできない、深い職業体験を提供するんです。武田塾から大学に受かった子たちに、話してみたらどうですか？」

私は早速、この企画を武田塾のホームページで公開しました。

そこへ応募してきたのが、第4章でも紹介した松永くんと山火くん。大学生になった彼

らは、日頃から、

「アルバイトはしているけど、何だか物足りない」

「もっと人のためになることをしたい」

と思っていたそうで、「こんな機会を待っていました！」と話してくれました。

しかし、チャンスを与えるだけではアルバイトと一緒。まずは彼らに「どんな仕事をしたいか」を考えてもらうことにしました。

〝企画を考える練習〟を重ねるうち、いいアイデアが出るだろう。そう踏んでいた私でしたが、彼らは1発目から、予想をはるかに超えたクオリティの企画を出してきました。

「携帯特訓コース？」

「はい。携帯電話を通じて、武田塾の特訓が受けられるようにするというビジネスです」

「山火くんとアイデアを出し合いましたが、どれもお金や時間が足りなくて……。だけど、2人とも最終目標は『武田塾の勉強法を広めたい』という同じ思いだったんです」

そこから、なるべくお金をかけずにできる方法を逆算していったところ、行き着いたのが、「携帯メールでの通信教育」というビジネスでした。

申し込んできた生徒1人1人に、専用の学習スケジュールを作成し、毎日メールで進捗具合を報告してもらう。自宅にいながら塾生と同じ勉強ができるようにすることで、これまで武田塾に通えなかった人たちへも裾野を広げたい……。

2人のプレゼンを聞き終わった私は、驚きと感動で、なかなか言葉が出てきませんでした。彼らは私と数歳しか違わないのに、確実に新しい視点で物事を見ている。この2人で、どこまでやれるのか見てみたい！

「それ、会社にしよう！ アドバイスはいくらでもするから、君たちで運営してごらん」

そうして、松永くんと山火くんがつくったのが、「全ての価値を合致する」「成長と明日への挑戦（Growth and tomorrow challenge）」という意味を込めた『ガッチ株式会社』でした。

彼らが始めた『携帯特訓コース』は、武田塾のホームページとSNSのみの宣伝ながら、予想を超える数の生徒が集まりました。生徒たちへのメール返信に追われながらも、彼らは「どうすればもっと効率的になるか？」を考え続け、ときには私に相談しながら、初めての1年を乗り切りました。

初年度の年商は、何と1000万円。

「2人とも、すごいよ！ 学生ベンチャーとしては結構な成功じゃないかな」

「毎日必死だったから、成功した実感があんまりないです」

「僕もです。1000万円稼いだなんて、信じられない」

興奮ぎみの2人に、私は新たな提案をしました。

「それで、このお金はどうしようか？」

アジアで奮闘！　インターン2期生

成功したとはいっても、『携帯特訓コース』は「武田塾の新設コース」に過ぎない。

インターンとして活動するからには、彼らに独自のビジネスモデルを見つけてほしいと思った私は、ここでまた新たな知恵を出し合ってもらうことにしました。

この頃には新メンバーとして、明治大学に通う大濱裕貴くんもインターンに参加していました。大濱くんは「学生ベンチャーで自分の可能性を広げたい」と東大の起業サークルに応募するも、面接で落とされてしまった経歴の持ち主で、傷心を引きずりながらも起業体験ができるところを探していたのだそうです。

そんなときに偶然見つけたのが『ガッチ株式会社』。

「自分と同年代の学生が、たった1年で1000万円も稼いだと知って驚きました。東大の起業サークルよりも成功している。そう思ったら、いても立ってもいられなくて。頑張りますので、どうぞよろしくお願いします！」

やる気溢れる新メンバーを得て、インターン2期生はにわかに活気づきました。

けれども、どんなに話し合っても、初年度で稼いだ1000万円の使い道が見つからない。そこで私は、かねてから自分で温めていたビジネス構想を彼らに話すことにしました。

「海外で日本的な細やかな医療サービスのビジネスを展開する。これ、どう思う？」

「えっ？　そんなことできるんですか？」

「僕たち、ただの学生ですよ？　医学部でもないし……」

彼らはそう驚きましたが、この構想は私が数年前から温めていたもので、ビジネスプランとしてすでに完成していました。

イメージしていたのは「海外在住の日本人のための病院」。海外では日本のような細やかな医療サービスが望めない。その現状に着目して、「日本人スタッフがいる」という安心感を売りにした病院をつくれないかと考えていたのです。

「病院をつくるには、専門の知識や莫大なお金がいる。素人にできるわけがない」と思うう方が多いかもしれませんが、海外でつくる場合は意外とハードルが低いということも調査済みでした。

第1に、医師と医療通訳者（現地の言葉と日本語で医療サービスの説明ができる）は現地で採用する。これで専門知識はカバーできます。

第2に、医療スタッフの人件費ができるだけ安い国を選ぶ。私が調べた中では、中国だと月給7万円前後で医師を雇えることがわかりました。物価や地価も、中国なら日本の10分の1程度。これで、資金面の心配もクリアできます。私がそこまで話すと、

「医学部じゃなくても、医療ビジネスってできるんだ！」

と、インターン生たちの反応が変わってきました。

さらにこのアイデアの肝は〝日本人スタッフ〟の存在です。その役目は、患者さんに「安心感」を与えること。

私が考えていたシステムは、「中国人の医師、医療通訳者、日本人スタッフ」の3人で患者さんを訪問し、その場で診察。必要があれば病院へ案内するというもので、日本人スタッフは患者さんと医療チームとの橋渡し役。

医師と医療通訳者だけでもビジネスとしては成立しますが、患者側の気持ちに立って考

えたら「日本語で、日本人に体調や気分を伝えたい」というニーズがあると思ったのです。

「いつか自分で手がけてみたかったんだけど、僕は武田塾の経営で日本を離れられない。他の誰かに始められてしまう前に、君たちでやってみる?」

「やりたいです!」

彼らは目を輝かせて答えました。

それからわずか数週間後の、2011年3月。彼らはそれぞれの大学を休学し、中国へ旅立ちました。私たちのアイデアを実現するための、最も現実的な体制として、中国で医療関連のビジネスをしている中国人の知人の下にインターンとして入る形で、彼らの奮闘が始まったのです。


しかし、いざ海外へ渡ってみると、言葉や文化の壁はあまりにも厚かった。アイデアに乗ってくれたとはいっても、すでに医療ビジネスを展開している年上の中国人社長が、インターンの学生の言葉に耳を貸すわけはなく、意思の疎通をはかるだけでも相当の苦労がありました。

私も毎日Skypeでやり取りし、現地へも何度も足を運びましたが、状況は悪化の一途

をたどります。毎日メールで送られてくる日報にも、

「打ち合わせの約束をまた無断で破られてしまいました」

「数日前から下痢が治りません。中国の衛生環境、悪すぎます……」

といった苦しい状況ばかりがつづられていて、私も「計画は中止して、帰ってきてもらおうか？」とも考えました。


けれども、彼らはここから驚異的な粘りを見せました。中国へ渡った当初は、まだまだビジネスの基本ができていなかった3人でしたが「武田塾出身者としての意地」ともいうべき底力を発揮したのです。

武田塾の勉強法は、ビジネスでも通用する

中国で寝食をともにしていた彼らには、いつしか家族にも似た絆が生まれていました。

大濱くんは武田塾の塾生ではありませんでしたが、松永くん、山火くんと行動をともにしているうちに、武田塾式の発想ができるようになっていったといいます。


キーワードとなったのは、Skype会議や日報への返信で私がたびたび発していた

「目標を達成するために、もう一回逆算してみよう」

という言葉。松永くん、山火くんも「逆算」という言葉をよく口にしていたことから、
ある日、大濱くんは2人にこう尋ねたといいます。

「塾長も、松永くんたちもよく『逆算』って言うよね？　それって何？」

2人は受験のときの話をし、

「合格までを俯瞰して、その日やるべき勉強を決めるのが武田塾式なんだよ」

と言いました。

「え？　それじゃあ、武田塾の勉強法は仕事でも通用するってこと？」

大濱くんの言葉に、2人は初めて気がつきました。

「そういえば、俺たち、『携帯特訓コース』の企画を出したときも、そうやって考えたよね？」

「自然とそういう考え方になってたけど、確かに仕事でも通用するね」

「もう一度、それでやってみようよ。病院をつくるまでのルートをイメージしてみよう！

中国の現状を知った今なら、もっと現実的な逆算ができるんじゃないかな？」

このやり取りが日報に書いてあるのを見て、私は胸が熱くなりました。

それこそ、私が彼らにずっと伝えたかったこと。だけど私が直接教えてしまうと、彼らが成長することにはならない。精一杯のリポートをしながらも「自ら気づいて意識を変えてほしい」というのが、武田塾の願いなのです。

それから約2カ月後、彼らはついにビジネスモデルを完成させます。そして、学生の強みを活かして、いろんな日本人コミュニティに入っていき、「こんな便利な医療サービスがある」ということを宣伝していったのです。

その甲斐あって、2012年には中国の病院をみごと軌道に乗せることができました。

カンボジアでの新たな挑戦

中国の病院が成功したとはいえ、インターン2期生たちには忸怩《じくじ》たる思いがありました。それは、自分たちだけの手で病院をつくり上げることができなかったこと。

「このまま日本に帰ったら、後悔する」

同じ思いを抱いていた彼らが出した答えは、学生である彼らでも経営ができるカンボジアへの進出でした。

「初期費用が安く済む」というのも大きな理由でしたが、彼らをカンボジアへと最も強く突き動かしたものが、貧しい子供たちが医療を受けられず、衰弱していく姿でした。

「カンボジア在住の日本人や外国人観光客に、質の高い医療サービスを提供して収益を上げる。そして、その収益を現地の子供たちの医療に利用しよう」

現地の子供たちが無償で医療を受けられる場所として、自分たちの病院を利用していこうと考えたのです。

しかし、その準備には当然ながら時間がかかりました。事業のための軍資金が生活費にどんどん消えていきます。そこで彼らが生活費の工面のために考え出したのが、マッサージスパの経営でした。それなら病院よりもスムーズに開店まで漕ぎ着ける。

さらに、そこには彼らを一層やる気にさせる「ある理由」が見出せたのです。

それが「教育」の問題でした。貧しい農村で育った人、特に女性は勉強する機会も、手に職をつける機会にも恵まれず、貧しい環境から抜け出すことができずにいました。

そんな女性たちに、英語やマッサージ、そして日本人ならではのおもてなしの心を伝え、質の高いサービスを提供できるよう一から教育する。この試みから生まれたマッサージスパ『Luck Nuvo』は、現地の富裕層や外国人観光客を相手に大当たりしました。

彼らの成功は、日本のテレビでも「海外で起業し成功した若者」として紹介されるまでになりました。また、多くのカンボジア女性が、貧しい農村から『Luck Nuvo』を経て、一流ホテルなどへの就職を果たしています。これはある意味、カンボジア版の逆転合格ならぬ逆転就職のようなもの。彼らだけの手で、これほどの成果を見せたインターン2期生を、私は心から誇らしく思っています。

そんな彼らが「今だから言えることですが……」と、口々に言うことがあります。それは、彼らがインターンに参加した動機。やりがいや内面の成長を求めていたのは事実ですが、一番大きかった気持ちは、私のように「学生で起業することへの憧れ」だったというのです。

「塾長って、学生の頃からずっと〝やりたいこと〟だけをやっていますよね」

「楽しそうだし、生徒たちからも感謝されているし、『いいなぁ』って思っていました」

「中国でどん底だったときも『塾長みたいに成功するぞ！』『今は汚いホテルにいるけど、いつかは都心のタワーマンションに住んでやる！』って誓い合ってたんですよ」

彼らの原動力が意外なほどシンプルだったことに、私は驚きながらもこう言いました。

「君たちはもう、とっくに僕を超えているよ！」

インターン生たちのその後

中国で医療ビジネスを立ち上げた松永くんと山火くんは、2012年の春に帰国しました。

松永くんは慶應大学、山火くんは早稲田大学へそれぞれ復学しますが、インターン活動での経験は、彼らの人生を大きく変えていました。慣れない外国で数々の問題を乗り越えた彼らは「起業とはどういうものか」を肌で感じていたのです。

山火くんは就職活動を経て、最終的には武田塾に残りました。

就職活動ではベンチャー企業から大企業まで、さまざまな会社を受け、全て順調に面接まで進みましたが、「休学していたときには何を？」という話題になると様相が一変。

「日本で起業してから、翌年に中国で医療ビジネス立ち上げに参加しました。その後はカンボジアへ渡ってスパを経営して……」

と彼が話すと、面接官たちは一様に驚き、言葉をなくしてしまうのです。

「大学生が中国で医療ビジネスを立ち上げ？　どうしてそんなことができたの？」

と、面接のはずが逆にビジネス指南をするはめになることもしばしばだったそうです。

確かに、山火くんのビジネス偏差値はすでに相当なものでしたが、大企業の人事担当までもが自分の経歴に動揺するのを見て、「こういう人たちに使われるのは、微妙だな……」と思うことが何度もあったそうです。そうしてさまざまな企業を検討した結果、彼はきっぱりとこう言ってくれました。

「僕が一番未来を感じたのは、武田塾です」と。

そのとき、私の脳裏に浮かんだのは、初めて受験相談に来たときの山火くん。

自信のない自分を「変えたい」と言っていた少年が、こんなにたくましくなったのか……。

これからは、彼が〈できない生徒〉を逆転させていく番。そして、今後はきっと、山火くんをも超える逆転劇が生まれていくことでしょう。

一方の松永くんは復学して卒業を目指す傍《かたわ》ら、福島の伝統工芸や特産品をプロデュースする会社を起業しました。

というのも、彼の実家は、福島県双葉郡浪江町の「大堀相馬焼」の窯元。ご存知のとおり、大堀相馬焼は、震災と原発事故の影響で土と窯が使えず、釉薬の採取も困難となり、一度は廃業に追い込まれてしまいました。

しかし彼は、この相馬焼を復活させようと決心したのです。

東日本大震災が起きたのは、インターン生たちが中国へ旅立った直後のことでした。

幸い松永くんのご家族は無事でしたが、自宅からの避難を余儀なくされ、これまでの窯や土も使うことができない……。彼はその厳しい現実に打ちのめされます。

「インターン活動を中止して、家族のもとへ帰ったほうがいいだろうか?」

「だけど、帰ったところで自分に何ができるだろう?」

故郷から遠く離れた中国で、松永くんは葛藤を繰り返しますが、

「お前の人生を生きなさい」

という家族の言葉に救われます。そのときに強く思ったことは、

「今は無力だけれど、いつか必ず福島の復興に携わりたい」

ということでした。


アジアでの起業経験から、松永くんは「富裕層は伝統工芸品への関心が高い」ということに着目します。実際に、香港やシンガポールなど、所得水準の高い国では織物や陶芸品

が高価格で取引されていましたが、日本のものを見かける機会は少なかった。そのうえ、素人目に見ても、品質も芸術性も日本製のもののほうが上だと思えました。

「これはビジネスになる」、そう彼が確信した頃、大堀相馬焼の窯元は移転先の福島県西白河郡西郷村で生産を再開。彼はかねてから願っていた「福島の復興」と、自身のアイデアを結びつけ、最初に扱う商材として相馬焼を選んだのです。

そうして生まれたのが『KACHI-UMA』というブランドでした。

午年の2014年に始まったことと、大堀相馬焼のメインモチーフが馬であることから着想したといいます。

新進クリエイターが大堀相馬焼の陶器に「馬」をデザインし、それを『KACHI-UMA』に賛同するネットショップやセレクトショップで販売。その売り上げの一部を大堀相馬焼に寄付するというシステムで、この構想を初めて相談されたとき、私は、

「松永くんにしかできないビジネスだよ！　応援するから、やってごらん」

と、すぐに太鼓判を押しました。

伝統の技にフレッシュな感性を取り込んだ作品は、日本をはじめとするアジア各国、最近ではヨーロッパの展示会でも高い評価を受けたそうです。興味をもってくださった方は、

ぜひインターネットで検索してみてください。

インターン2期生の残る1人、大濱くんは、松永くんと山火くんが帰国した後も、しばらくカンボジアに滞在していました。

「スパの経営が軌道に乗ったら帰国しよう」と考えていた彼でしたが、カンボジアで過ごす期間が長くなるにつれ、東南アジアが抱える社会問題に目を向け始めます。

「カンボジアでは、教育が絶対的に足りない」

そう気づいた大濱くんは、大学の休学期限ぎりぎりまで、カンボジアでの教育支援プロジェクトに携わることになりました。このとき、新しい小学校ができるのを間近で見たことが、彼のその後を決定づけます。

「教育の仕事をやりたいです。できれば、武田塾の仕事に携わりたい」

武田塾へ帰国の報告に来てくれた大濱くんは、真っ黒に日焼けした精悍《せいかん》な顔つきになっていました。

「武田塾の仕事といっても、いろいろあるよ。山火くんは講師として頑張ってくれているけど、大濱くんは何をやってみたいの？」

私がそう尋ねると、

「カンボジアで、新しい学校ができた瞬間の感動が忘れられません。できれば今後、塾の経営ノウハウを学んで、いつかは海外に武田塾をつくれたらいいなと思うんです」

そうして彼は、武田塾のフランチャイズ経営者となりました。現在は3校を運営中と、東大の起業サークルに相手にされなかった過去が嘘のような活躍ぶりです。

彼が海外へ武田塾を広める日も遠くはない。私は、そう信じています。

大物になりたい！

本書で最後に紹介する武田塾出身者が、車谷拓海くんです。

彼も「参考書最強伝説」の生放送を見て、武田塾に興味をもってくれた1人で、初めて生放送にくれたコメントは

「今は偏差値40台だけど、東大を目指したい！」

というインパクトのあるものでした。

けれども、彼のビジョンはとてもしっかりしていたのです。武田塾のサイトを読み込み、

過去の生放送も全て見て「それでもわからない」ことを整理して質問していた。

多くの受験生から連日質問を受けている私や中森先生は、質問1つ聞けば、その生徒がどこまで努力しているかがわかります。いわゆる「わからないところがわからない」レベルの質問が多い中、車谷くんの質問は「よく、そこのポイントにたどり着いたね」と、こちらが感心してしまうほどの精度を極めていました。

他の相談者とはひと味もふた味も違うものを感じ、逆に私が彼に「会いたい」と思ってしまったほどです。

「車谷くんぐらいしっかりした意識で勉強していれば、入塾しなくても受かると思うよ」

「本当ですか？　このままのペースで、東大を狙えますかね？」

「行けるでしょう。車谷くんに合わせたカリキュラムを送るから、それに沿って勉強してみるといいよ。わからないことがあったら、いつでも聞きに来ていいからね」

「武田塾に入らなくても大丈夫」と言ったものの、私はやっぱり、車谷くんと話すのが楽しかった。それからというもの、彼とメールなどをやり取りし、ときどきは喫茶店などで会うようになっていきました。

ある日、いつものように喫茶店で車谷くんと会っているとき、私は「武田塾ホームページのコンテンツとして、車谷くんに勉強の進捗具合のブログを書いてほしいんだけど、どうかな？」

と持ちかけました。

「え、ブログですか？　やったことないし……」

「毎日書いてくれるなら、入塾しなくても中森先生から宿題を出してあげるよ」

その言葉に、車谷くんが反応しました。中森先生からの直接の宿題。これこそは弱点を補い逆転合格を可能にするスペシャルルートです。

「そんなに特別扱いしてもらったら、塾生の人たちからクレームが殺到しませんか？」

「塾生でない車谷くんが、武田塾のやり方で東大合格を目指す。コンテンツとしておもしろいと思うんだ。それに、君の質問はいつも的を射ているし、勉強のペースにもブレがない。『こんなにやっているから特別なんだ』と、他の生徒の刺激にもなるはずだよ」

そうして2012年の夏、車谷くんは高校3年生で「参考書最強伝説」にデビューすることになりました。

塾生ではなく自学自習で、偏差値40からのスタートで、東大へ向かって驀進《ばくしん》していく勉強ぶりは、たちまち生徒たちの注目を集めました。

「毎日コメントをたくさんもらえて、何だか有名人になった気分です」

しきりに照れていた車谷くんでしたが、彼自身はその状況をかなり楽しんでいるようでした。それというのも、車谷くんは出会った頃から「大物になりたい」と公言していたからです。

「大物になる」、それだけでは何とも漠然としています。けれども私自身、初めて車谷くんに会ったときから、只者ではない雰囲気を感じ取っていました。

「この男なら、何か大きなことをやってのけるかもしれない」

私は彼が将来、どんな大物に化けるのかが心底楽しみになりました。

けれども、全ては無事に受験が終わってから。彼も重々承知のうえで勉強を進め、秋には入塾して万全の体制を敷きましたが、あろうことか彼はセンター試験で大失敗、東大の1次を突破できなかったのです。続いて臨んだＭＡＲＣＨでも全敗……。

その報告を受けた私は、あまりの驚きに目の前が真っ暗になりました。塾長として動揺しているそぶりを見せてはいけないと思うのですが、言葉が出てきません。

その様子を察して、中森先生が声をかけてきました。

「塾長、どうしたんですか？」

「車谷くんから報告があったんだけど、ここまで全滅だって。信じられないよね……」

中森先生からの返事はありませんでした。さすがの彼もショックだったか……。

しかし数十分後、中森先生は再び私のところへ来て、こう言いました。

「塾長、車谷くんはまだ終わりじゃない。まだ慶應が残っていますよ！」

中森先生は諦めたわけではなく、今からでも間に合う合格ルートを考えていたのです。

「今までの積み重ねで、慶應の経済学部は行けると思う。ヤマを張るようなやり方だけど、最後まで頑張ってみよう！」

それを聞いた車谷くんは、慶應の経済学部に照準を合わせ、絞りに絞ったカリキュラムでの猛勉強を開始しました。センター試験、ＭＡＲＣＨの惨敗後、残された時間はあと2週間。そこに全精力を注ぎ込みました。

その結果、彼はみごと慶應大学経済学部に現役合格したのです。

武田塾史上、最もギリギリの状態から勝ち取った逆転合格。しかし、過程はどうあれ、春から車谷くんは慶大生です。当初の目標だった東大には行けませんでしたが、十分勝ち組といえるでしょう。

「車谷くん、合格おめでとう！　次は『大物になる』という夢を叶える番だね。具体的な方向性は決まったの？」

「会社をやってみたいと思います。これ、完全に塾長の影響なんですけど」

「起業家になりたい、ということ？」

「そうです。自分で経営をしてみたいです」

社長として、大学に入学

このとき、私の頭にあるプランが閃きました。

「車谷くん、大学入学前に、株式会社をつくってみない？」

「えっ？　今から入学までの間に準備するんですか？」

「会社の立ち上げ方は、僕が教えるから心配いらない。大事なのは、入学した後だよ」

「どういうことですか？」

「自分からは、人に話さないようにする。同級生や先輩とアルバイトの話になったときに『いや、俺は会社やってるんで』って言って驚かせるんだよ。あと、SNSでつながってプロフィールを見たときに『社長って書いてある。マジかよ！』なんて、おもしろくない？」

こうして起業することが決まり、2人で考え出したのが、「武田塾のインターネットでの番組を制作、運営する」というビジネスです。

「まず、車谷くんに生放送のシステムを覚えてもらって、放送を手伝ってもらう。それで慣れてきたら、車谷くんの会社に作品を発注して、お金を払うよ」

「それで僕は、そのお金から社長の役員報酬をもらって、会社の決算をするんですね」

「そう。万が一失敗したら、就職活動をして、会社員になってもいいし。学生のうちに挑戦する価値はあると思うよ。どうかな？」

意思決定は車谷くんに任せましたが、彼は数日かかって親を説得。起業に必要な資金の30万円を借りてきて、映像配信会社『株式会社MakeWaves』を設立しました。

しかし、いかに只者ではないといっても、車谷くんは高校を卒業したばかり。ビジネスの基本など何ひとつ知らなくて当然でした。

「請求書って、どこへ送るんですか？」

「ビジネス用のメールって、どう書けばいいいんでしょうか？」

こんな状態では、会社経営どころではない。そのため肩書きは社長ながらも、車谷くんにはインターン生のように「ビジネスの練習」から始めてもらうことにしました。

実は、このやり方には双方に利益がありました。

というのも、それまでの武田塾のインターネットの番組はプロの制作会社に発注していて、1本につき10万円以上の制作費がかかっていた。そこを車谷くんには「練習期間」ということで、1本1万円ぐらいで番組をつくってもらったのです。

つまり、車谷くんにとっては少々失敗しても許してもらえる武田塾で心ゆくまで練習ができたこと、武田塾にとっては金銭面の負担が減ったことがメリットとなったわけですが、私が最もよかったと思うのは「若い発想を取り入れられたこと」でした。

現在30歳の私も社長としては若いほうですが、車谷くんはさらに10歳以上若い。これだけ離れていると、世代の差というのは確実にあります。

動画配信を最初に提案してくれた渡邊くんから「最近の大学生は動画で情報を得ている」と聞いたときも驚きましたが、車谷くんの世代ではさらに細分化されていて、よりピンポイントに動画を検索しているというのです。

「今後は、素人だってウェブ上に〝自分のテレビ局〟をもつような時代になりますよ！」

と、車谷くんは予測しています。

実は私も、そういう時代が来ることを見越していたから、武田塾のホームページのアドレスを「takeda.com」ではなく「takeda.tv」にしたのですが、やはり若い車谷くんの発想は、全てが斬新でした。

とりわけ感心したのが、それまでパソコンで1日がかりだった動画作成を「スマホででできますよ！」と、あっという間にサンプルをつくったこと。

基本的に映像制作はプロに発注、車谷くんはディレクションを務めていますが、「今の学生は皆、スマホで動画を見ていますよ。だからコンテンツも『スマホで見やすく』、検索エンジンにも『スマホでヒットしやすく』していきます！」

と、ターゲットのニーズに合わせた作品づくりを進めていったのです。

私が車谷くんに合格点を出したのは、彼が起業してから1年後。2014年の春のことでした。

起業当初は頼りなかった車谷くんでしたが、彼もまた「仕事も勉強も同じ」ということを自分で発見していました。

もちろん、会社経営の全てを車谷くんが決定していたわけではありません。彼は毎日のように「これはどうですか?」と聞いてきて、私はそれぞれにダメ出しをしたり「もう少し具体的に練ってみよう」などのアドバイスをしていました。

けれども、車谷くんがすごかったのは、どんどん先回りして調べて、わからないことは私や中森先生に聞いて、自分で仕事を見つけていたこと。そういう人こそ、自ら会社を興してビジネスをつくり出せるし、世の中を変えていけると私は思っているのです。

学生起業のメリット

車谷くんの会社『株式会社MakeWaves』は2年目に入り、順調に業績を伸ばしています。

しかし、さすがに言いづらいのですが……。せっかく入った慶應大学に、彼はほとんど行っていません。会社をこのまま続けるつもりで、就活はするつもりがないといいます。

「どう考えても、仕事のほうが楽しいんです。もう大学は中退してもいいと思っています」

「だけど、卒業はしておいたほうがいいと思うよ？」

「そうでしょうか？　このまま仕事を続ける場合、大卒のメリットってないですよ。塾長だって、教育関係の仕事でなければ中退したんじゃないですか？」

これには痛いところを突かれました。実は私も、起業後は仕事に夢中になってしまって、ほとんど大学へは行かなかったのです。けれども、「塾経営者は、大卒でないと信頼されない」という気持ちがあったから、卒業だけはしようと思った。

車谷くんの言うように、もしも私の仕事が他の分野だったなら、ビジネスが軌道に乗ったと同時に、大学中退を決めていたことでしょう。

そもそも大卒のメリットとは、現代では「新卒採用」ということに尽きます。ですから、就職活動をしない場合、「大卒」にはほとんど意味がないのです。入った会社が倒産したり、転職を検討するときに、採用資格が「大卒以上」の会社へ応募できるぐらいです。

私はここまで、何度となく「授業はムダだ」と言ってきましたが、極論を言うなら、大学においても授業は意味がなかった。

知りたいことは本やインターネットで調べれば済んでしまうし、しんどい就職活動をしなくても、大学1年から起業すればサラリーマンやOLよりもずっと稼げる。

とはいえ、「高卒で働く」というのは不利になることも多いので、車谷くんのように「有名大学に受かっておいて中退」というのは、ちょうどいいのかもしれません。

なぜなら、有名大学合格の実績で「頭は悪くない」とアピールできる。そのうえで、「やりたいことができたから中退」と説明すれば、納得しない人はほとんどいないからです。

もちろん「慶應大学卒」のほうが、相手に与える安心感は大きいでしょう。けれども、せっかく若く、どんなことにもチャレンジできる時期に、授業に出てノートを取るという作業に4年も費やすなんてもったいない。

就職活動をするにしても、面接で聞かれることは「どんな授業を取ったか」ではなく「授業以外の部分で何をしたか」。ここで、「1年生のときに会社をつくりました」と言えたら相当なインパクトがありますし、採用側も「この人材が欲しい」と思ってくれるはず。

そんなわけで「大学入学と同時期に起業」というのは私のおすすめプランなのですが、やはり一般的な価値観とはかけ離れているため、なかなか実行する人はいません。

車谷くんのご両親も、きっと本心では「卒業してほしい」と思っているはずですし、その気持ちもやはり痛いほどわかるのです。

それでも、彼ら学生起業家を見ていると、私は胸のすくような思いがします。

正しい勉強法、そして正しいビジネスのやり方は、すなわち「自己プロデュース力」。

それが身についていれば、企業の看板を借りずとも、自分で道を切り開いていけるのです。

ですから就職活動をする、しないにかかわらず、大学生には早いうちから社会経験を積んでいってほしい。

受験を乗り越え、憧れの大学に合格しても、そこはまだゴールではない。

逆転合格は、「人生の大逆転」のスタートなのです。

終章

英単語から人生が変わる

●〈正しい勉強法〉で人生を変える

武田塾は、2016年3月に創立10周年を迎えます。

この間、私が訴え続けてきた塾や予備校の矛盾だらけのシステムは、現在でも大きく変わってはいません。けれども、毎年武田塾から数々の逆転合格者を生み出していること、卒業生たちが合格後も「この勉強法を広めたい！」と使命感をもち、たくましく成長していってくれていることを素直に嬉しく思っています。

9年間、そんな生徒たちを見てきて、私はある確信にたどり着きました。

それは、〈正しい勉強法〉には人生を変える力があるということ。

1 目標を明確にする

2 作戦を立てる

3 毎日少しずつ実行する

これは武田塾の勉強法を究極にシンプル化したものです。目標や作戦はときどき検討や修正が必要ですが、この3ステップを積み重ねていけば、大学合格だけでなく、たいていの夢が叶います。

なりたい職業に就くことも、ダイエットをすることも、資格取得も、気になる人を振り向かせるのも難しくはありません。

夢や目標から「どういう人になりたい？」「そうなるには何をしたらいい？」と、少しずつ逆算するのは楽しいものです。

逆算を始めた瞬間から、夢は単なる『夢物語』ではなく、手にすることができる「現実」へと変化するのですから。

たとえば「モテたい」「カッコよくなりたい」という目標があったとしても、心で思っているだけでは何も変わりません。

でも、自分が目指すイメージを研究し、「髪型を変える」「話し方を工夫する」などの行動を起こしたら？

「今日、何だか雰囲気違うね！」

と、気づいてくれる人が必ずいます。こうした小さなきっかけから、未来は変わっていくのです。

●常識を疑え

とはいえ、私も武田塾を立ち上げる前は二の足を踏んでいました。

2度目の受験の直前に〈正しい勉強法〉に気づき、身をもってその正しさを証明した私は、「悲しい思いをする受験生を減らしたい」という一心で塾をつくる決意をしました。

けれども、

「こんな自分でも考えつくことだから、今まで誰もやっていないわけがない」

と思って、行動を起こすのを躊躇してしまったのです。

しかし、これは完全な思い込みでした。当時の私は、大手予備校で講師のアルバイトをしていたので、同業他社の情報は絶えず入ってきていましたが、いつまでも〈正しい勉強法〉を提唱する塾や予備校が現れない。

つまり、私にとっての「当たり前」は、他の誰も考えもしないことだったのです。

そう痛感すると、予備校のカラクリに気づいたときの気持ちや、大手予備校に入れば安心だと思っていた高校時代の自分が思い出されました。

「常識だと思っていた、信じていたのにだまされた……」

まるで被害者のような気持ちでいましたが、あのとき「常識を疑う」という発想ができていたら、もっと早く〈正しい勉強法〉にたどり着けたことでしょう。

今の日本は物質的には恵まれていますし、日本人の礼儀正しさやサービスの細やかさは国際的にも高く評価されている。

そんな状況では「常識」、つまり、「多くの人に『いい』と思われている価値観」は正しくて当然と思われがちです。

けれども、受験問題ひとつを取っても、本書で挙げたような問題が山積しているのです。

それも、大手予備校が生徒の成績を上げないシステムになっていること、高校の授業で大学の受験範囲がカバーできないことなど、明らかに「大人の事情」が絡んでいる。

つまり、社会とは、さまざまな「大人の事情」ゆえに、あえて未完成の状態で保たれているのです。

これに憤慨し、嘆いていたって仕方ない。

未完成ということは、改善の余地があるということです。

私が「起業しよう！」と決意できたのも、受験問題はまだまだ改善できると確信したから。万が一失敗しても「予備校のシステムにはカラクリがある」と、一石を投じることができればいい。

「常識にとらわれず、本質を見抜く力が大事なのだ」、それを伝えたい一心で、ここまで頑張ってきました。

これから受験を迎える君たちも、常識を一度は疑ってみてほしい。

今、目指している大学は、どんな理由から「行きたい」と思ったのですか？

今、手にしている参考書は、もしかして「一番売れているから」というだけの理由で選んでいませんか？

世間のスタンダードには、大人の事情がある程度、含まれています。みんなが「いい」と信じているものでも、必ず一度は「自分にとってはどうか？」と考えてみることです。

スラム街にも逆転合格を

現役時に「常識を疑う」という発想をもてなかった私は、受験に失敗しました。このことは長らく後悔として残っていましたが、「武田塾のおかげで合格できました！」という生徒に出会うことが増えるたび、「私の経験もムダではなかった」と思えるようになりました。

武田塾に通わず、ブログや動画を見て大学に合格した生徒の中には、経済的な事情で予備校に通えなかった人たちも少なくありませんでした。

武田塾がなかった頃なら「予備校に通わせるお金がない」と親に言われた時点で、勉強方法がわからず受験生活が終了していたはずです。

部活などの理由で時間がなかった場合も、ビジョンや戦略を描けないままタイムリミットを迎えていたと思います。

ですが、武田塾の存在を知って「勉強法がわかった」「インターネット環境と参考書代さえあれば逆転できると知った」ということは、彼らにとって大きな希望となったそうです。

そうして私の前に見えてきたのが、お金や時間がなくても、どんな環境で生活していようとも勉強ができるシステム。

「どんな人でも頑張れば夢が実現できる、逆転できる社会をつくりたい」というビジョンです。

具体的には「武田塾の勉強法を世界に公開する」。

つまり、武田塾のホームページの英語版を、世界中に無料で配信したいと思っています。

また、参考書が買えない状況にある人には、英語版の無料教材も公開し、それを順番に読めば勉強の基礎が身につくようなシステムをつくる予定です。

もちろん、まだまだ構想の段階ではありますが、不可能だとは思っていません。

スラム街でゴミを拾って生計を立てている子も、インターネットに接続さえできれば、空いている時間に勉強ができて、人生を逆転できる。

いつかこの構想が実現して、

「スラム街からハーバードに合格しました!」

という声が届く日を私は夢見ています。それこそが究極の「逆転合格」だと思うのです。

全ての基本は、英単語

本書を手にしている君は、今、どんな思いでいるのでしょう?

きっと、「自分の勉強は予定どおり進んでいるのか?」「本当に受かるのか?」という不安で押しつぶされそうな夜もあるはずです。そんな不安は、受験生なら抱いて当然のこと。

最後に、それを吹き飛ばす呪文を教えたいと思います。

「全ての基本は、英単語」

今、君が使っている英単語帳。それを完璧に覚えていますか？　どこから出題されても答えられますか？

受験勉強を始めたときから半年や1年間、またはそれ以上の期間、手にしている英単語帳を完璧にできていないということは、今受けている授業も、これからやる参考書も身につかないということです。

ですから、まずは英単語を完璧にしてほしい。

第3章で述べたように『システム英単語』の場合は33日で覚えることができます。そして、その後は英語の勉強効率が劇的に改善するはずです。

本書を手に取ってくれているのが受験生の親御さんなら、試しにお子さんの単語帳を借りて、10個ぐらいランダムに出題してみてください。おそらく2〜3割程度しか正解しないと思いますが、そこで怒ってはいけません。

今までの勉強法が間違っていただけですから、「気づいてよかった！」と言ってあげてください。

「全ての基本は、英単語」

人生論などの大きな話をしてきた割には、最後に地味なアドバイスとなりました。

しかしどう考えても、これが最も受験に役立つ、ひと言。勉強には正しい順番があり、どの教科も、基礎を完璧にしないことには始まらないからです。

そして、その「英単語を完璧にした」という事実が、君の人生を大きく変えていくのです。

私も受験生時代、英単語を完璧に覚えた瞬間に、世界が開けた気がしました。

君もきっと、ここから生まれ変われます。

繰り返しになりますが、大学受験の成功だけがゴールではありません。

合格を勝ち取って、その成功体験から、君自身の人生を切り開いていってほしい。そうやって夢を叶えた人には、社会を変えていく力がきっとあるはずです。

大学受験も、君自身の人生も、世の中さえも。

逆転上等、ひっくり返してやりましょう！

あとがき

学校や予備校で当たり前のように行われている授業。しかし、「授業に意味はないのではないか？」「もっと効率的な勉強法があるのではないか？」、そんなとんでもない意見に耳を傾けて、共感してくれた会社の仲間たち、それを信じてついてきてくれた生徒、保護者の皆さんには感謝の気持ちでいっぱいです。逆転合格者を毎年輩出でき、こうして本も出版できるのは皆さんのおかげです。本当にありがとうございます。

そして、何より嬉しいのが、「武田塾がなかったら、絶対に合格できませんでした」と言われることです。〈できる生徒〉はどこの塾に行っても合格します。集団授業を復習できる人は、基本的にどこに行っても合格するでしょう。

しかし、「武田塾じゃなきゃ無理だった」と言われると、自分が受験に失敗したことがムダではなかった、武田塾の存在意義があったということを確認できるので、心の底から嬉しくなるのです。

私は受験を経験することで世の中の「おかしさ」を感じました。

武田塾の卒業生もきっと、大学生活や社会生活の中で「これは、おかしい！」という経験をすることがあると思います。

そういうときに、武田塾の理念を思い出してもらい、問題解決の逆転合格カリキュラムを自分で考え出し、世の中をいい方向にどんどん変えていってくれたら嬉しく思います。

私も武田塾を大きくし、もっと力を蓄え、武田塾の方法で合格した皆さんと一緒に、常識を変え、皆の夢を叶え、世界を幸せにできたらいいなと思っています。

そのためにも、大学受験ぐらいは、パパッと自学自習で乗り切ってしまってください。

自分で道を切り開く、一生役に立つ力がつきます。

皆さんとどこかで出会い、一緒に仕事ができる日を楽しみにしています。

２０１５年3月

武田塾塾長　林　尚弘

〈著者プロフィール〉

林 尚弘（はやし・なおひろ）

武田塾塾長。株式会社A.ver代表取締役社長。

1984年、千葉県出身。地元の進学校に進み、1年生から予備校に通うも、受験に失敗。1浪後、学習院大学法学部政治学科に合格。自身の受験体験から大学1年で起業、1年後に武田塾を設立。「授業をしない」「参考書での自学自習」「1冊を完璧に」の方針で、E判定から早稲田、慶應、国立大学医学部などへの逆転合格者を続出させ、話題となる。武田塾の理念に共鳴する教育者が集まり、現在、全国に51校を展開。

主な著書に『予備校に行っている人は読まないでください』（ミヤオビパブリッシング）、『参考書だけで合格する法』（経済界）、『武田塾の早慶にすべらない話』（エール出版社）などがある。

武田塾 HP http://www.takeda.tv/

参考書が最強！
日本初！「授業をしない塾」が、
偏差値37からの早慶逆転合格を可能にできる理由

2015年3月20日　第1刷発行

著　者　林 尚弘
発行人　見城 徹
編集人　福島広司

GENTOSHA

発行所　株式会社 幻冬舎
〒151-0051　東京都渋谷区千駄ヶ谷4-9-7

電話　03(5411)6211(編集)
03(5411)6222(営業)
振替00120-8-767643
印刷・製本所　中央精版印刷株式会社

検印廃止

ISBN978-4-344-02745-9　C0095
幻冬舎ホームページアドレス　http://www.gentosha.co.jp/

この本に関するご意見・ご感想をメールでお寄せいただく場合は、
comment@gentosha.co.jpまで。